出口这些年

庞锦　李久佳　焦志强　著

中国商务出版社

图书在版编目（CIP）数据

出口这些年／庞锦，李久佳，焦志强著. —北京：
中国商务出版社，2013. 11
ISBN 978-7-5103-0967-0

Ⅰ. ①出… Ⅱ. ①庞…②李…③焦… Ⅲ. ①出口贸
易—研究—中国 Ⅳ. ①F752. 62

中国版本图书馆 CIP 数据核字（2013）第 275717 号

出口这些年
CHUKOU ZHE XIE NIAN
庞锦 李久佳 焦志强 著

出 版：中国商务出版社
发 行：北京中商图出版物发行有限责任公司
社 址：北京市东城区安定门外大街东后巷 28 号
邮 编：100710
电 话：010—64245686（编辑二室）
　　　　010—64266119（发行部）
　　　　010—64263201（零售、邮购）
网 址：www.cctpress.com
邮 箱：cctp@ cctpress.com
照 排：北京开和文化传播中心
印 刷：北京市松源印刷有限公司
开 本：880 毫米×1230 毫米 1/32
印 张：7.25 字 数：175 千字
版 次：2013 年 11 月第 1 版 2013 年 11 月第 1 次印刷
书 号：ISBN 978-7-5103-0967-0
定 价：28.00 元

目　　录

第一章 Chapter One

出口速度谁可比

　　改革开放三十多年来出口高速增长时代是否就此终结？从我国自身发展历程看，我国出口发展与国民经济发展基本同步，经历了中高速增长、高速增长、超高速增长等几个阶段，目前增长速度处于"回归"阶段。与主要出口大国比较，我国出口增速处于较高的水平，无论是年均增速还是高速增长年份，都超过美国、德国、日本等出口大国。受能源资源、环境、市场容量等因素制约，加上国际市场需求不旺，我国出口即将告别高速增长时代，转而迈入中速增长时代。

第一节　60 年发展四阶段

从纵向看，1953 年以来我国出口增长速度，大体可以分为四个阶段。

中高速增长阶段

1953—1977 年，我国出口年均增长速度为 10% 左右。这些年外贸出口增速起伏不定，有些年份出口增速较高，特别是 20 世纪 70 年代个别年份。例如 1972 年、1973 年，我国出口增速都在 20% 以上，有的年份甚至超过了 30%。但这一阶段也有不少年份出现了负增长，比如 1967 年、1968 年和 1976 年。

新中国成立初期我国对外贸易发展比较迅速，出口增长较好。但由于美国等西方发达国家长期对我国进行贸易封锁，20 世纪 60 年代之后苏联经互会集团与我国经贸关系也恶化了，我国外贸发展的环境比较差，所以从总体上看，和改革开放后比，这段时期的出口增速不算高，但还算处于稳步增长阶段。

高速增长阶段

1978—2001 年，我国出口年均增长速度达 15.5%。伴随着改革开放的春风，我国出口增长也发展到了新的阶段。这段时期，除个别年份出口负增长外，其他年份的出口增速都较为可观，不少年份达到了两位数增长，特别是在邓小平同志南方谈话后的几年里，年出口增速都在20%以上甚至达到30%。

这一阶段，出口增速在20%以上的年份有：1978年、1979年、1980年、1981年、1987年、1988年、1994年、1995年、1997年和2000年。出口出现负增长的年份，仅有1983年。可以说，这是我国出口发展较好的阶段，二十多年的时间里，只有一年出口下降，其余年份都有较好的表现。

超高速增长阶段

2002—2008年，我国出口年均增长速度达28%。加入世界贸易组织后，我国出口环境有了很大的改善，特别是美国等发达国家在我国入世之后不得不摒弃了过去对我国出口设置的种种障碍，这样我国出口就有了比较稳定的外部市场，出口增长速度迈上了新台阶。

这7年，除了2008年出口增速为17%外，其他年份都在20%以上，其中有两年在30%以上，分别是2003年和2004年。2003年、2004年这两年出口合计增长就超过了80%，2002—2004年3年出口增长就超过了120%，考虑到我国出口规模较大，这么高的增长速度，真是世界出口发展史上的奇迹。

经过这7年的高速增长，2008年出口额达到了2.56万亿美元，是2001年的5.3倍。以2008年的出口额向前推算，出口增长翻两番，我国只用了6年，而美国用了20年。

增速回归阶段

2009年至今。美国次贷危机以来，美国经济复苏艰难，欧债危机不断蔓延，欧洲经济持续低迷，我国出口的外部环境发生了逆转，形势急转直下，各种因素交织，使得我国出口在 2009 年出现了改革开放以来的最大跌幅，下降了 16%。2010 年、2011 年出口增速虽出现较大的反弹，增速分别超过 30% 和 20%；但 2012 年增速又下降至一位数，仅为 7.9%。2008—2012 年，我国出口年均增长速度为 9.4%，处于一位数水平，不仅低于 2002—2008 年出口超高速增长阶段，也低于 1978—2001 年的出口高速增长阶段，有向 1953—1977 年出口稳步增长阶段回归的态势。2013 年，我国出口增速预计仍将保持在一位数水平。

第二节　50 年增长试比高

中美德日横向比

2012 年货物贸易出口额前四位的国家依次是中国、美国、德国、日本，出口规模分别达到 20488 亿美元、15465 亿美元、14085 亿美元和 7984 亿美元，占全球货物贸易出口总额的比重分别为 11.1%、8.4%、7.6% 和 4.3%。进口总量前四位的国家是美国、中国、德国、日本，进口规模分别达到 22753 亿美元、18181 亿美元、11686 亿美元和 8857 亿美元。这四个国家是当今世界经济贸易实力最强大的国家，四个国家外贸出口额合计占全球贸易总额的 1/3。不过，同是出口前四位的大国，出口额相差也很大，美国、德国的出口规模接近日本的 2 倍，而我国的出口规模是日本的 2.5 倍。

全球大国经济地位发生变化，一个显著的标志就是出口大国排行榜的位置发生了很大的变化。1999 年，美国、德国、日本是世界出口前三位的大国，中国仅居第 9 位。2009 年，出口前三位的国家变成了中国、德国、美国，日本位居第 4 位。1999—2009

年的出口年均增速，中国为 20%，德国为 7.5%，美国为 4.3%，日本为 3.3%，从中可以看到我国出口增速远高于其他三个国家。比较 2012 年和 2009 年，出口前四位的国家没有变化，中国稳坐第一的宝座，日本继续排第四，只是德国和美国的地位进行了互换。

年均增速我最高

以 1963—2012 年作为一个分析周期，整整 50 年，我们看看各国外贸出口增长情况。

50 年年均出口增长速度，美国是 9%，德国是 8.4%，日本是 10.9%，中国是 15.9%，接近 16%。之前我们看到很多文章，谈中国出口发展速度，使用的大多是过去 30 年的数据。大家比较清楚，过去 30 年我国出口发展的确很快。如果我们把这个时间段拉长一点，比较一下 50 年的出口增速又会如何呢？

我们发现，我国外贸出口的增长还是相当快的，在全世界主要贸易大国中名列前茅。图 1-1 非常直观地表现了这一点。图中的曲线斜率就是出口增长速度，曲线越陡，表明增长速度越快；曲线越平缓，表明增长速度越慢。从图中可以看出我国曲线更陡，即我国出口增长速度比美国、德国、日本要快。特别是 2000 年之后的曲线显示，日本较为平缓，德国和美国差不多，而我国出口曲线则非常陡峭，说明我国出口增长速度是非常快的。

出口增速连居首

50 年出口增长速度，我们将两位数以上增速视为高速增长。在 1963—2012 年的 50 年期间，美国有 23 年出口增速超过两位数，其中大多数年份在 10%～20% 之间；另外有 7 年出现负增长，主要发生在 20 个世纪 80 年代初期，90 年代和 21 世纪初期，以

（亿美元）

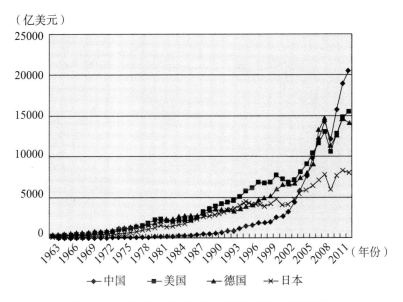

图 1 - 1　1963—2012 年中美德日出口额比较

及次贷危机后的 2009 年。德国有 24 年出口增速超过两位数，其中绝大多数年份在 10%～20% 之间；另外有 6 年出现负增长。再看日本，出口超过两位数增长有 25 年，也就是说有一半的时间都是两位数的增长；另外也有 6 年出现负增长。最后看看中国，在 50 年时间里，一共有 33 年出口增速超过两位数，其中绝大多数年份是 20%～40% 的超高速增长，并且有 9 年是超过 30% 的增长。

从图 1-2 可以更清晰直观地看到，我国出口增速明显高于美国、德国、日本的出口增速，我国出口曲线在大多数年份里，在其他国家出口曲线的上方。由此可见，过去 50 年跟美国、德国、日本等出口大国相比，我国出口增长速度是遥遥领先的。当然这里面也有我国出口基数低的因素，我们起步比较晚、底子比较

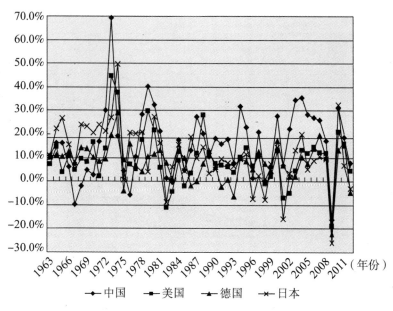

图 1 - 2　1963—2012 年中美德日出口增速比较

薄。但更主要的，还是因为我们抓住了历史的机遇，积极参与了国际产业分工，融入经济全球化中，充分发挥了我国的比较优势，从而实现了出口的飞速增长。从过去 50 年出口发展的总趋势看，中、美、德、日四个国家出口的总趋势基本上是一致的，高峰和低谷重叠，变化的周期也趋同，这也反映了世界经济联系的紧密性。当然，我国的出口增速在大多数年份都远远高于其他三个国家。

2002—2007 年期间，是世界出口的高速增长期，美国、德国、日本的出口增长也处于较好的时期。在同样的景气周期里，我国出口增速同样也远远高于上述三个国家。美国次贷危机发生后，虽然我国出口出现了下降，但美国、德国、日本出口下降的幅度更大。在随后的反弹中，各国出口增速都有所提高，我国增速又是最高的。

第三节 低速增长成常态

改革开放特别是加入世贸组织以来，我国出口一直保持着较高的增长速度。进入 2009 年以后，由于美国次贷危机的冲击和欧洲债务危机不断蔓延，再加上日本经济持续低迷，世界经济出现了深度调整，我国出口出现了大幅下降，降幅高达 16%，为改革开放以来的最大跌幅。2010 年、2011 年，随着世界经济的复苏，外需有所回升，我国出口出现了恢复性的增长，增速分别高达 31% 和 20%。2012 年，由于世界经济再度放缓导致外需不振，我国出口增速已经掉到了一位数。2013 年我国进出口增长目标为 8%，能否实现这个目标还有待观察。今后世界经济贸易发展的不确定性因素仍然很多，我国外需环境不容乐观。从增长速度看，我国出口两位数的增长时代可能会暂告一段落了，一位数增长应该会成为我国未来出口增长的一个常态。

资源环境不能承受之重

2012 年我国出口规模已经超过 2 万亿美元，如果继续保持较高的增长速度，那么对能源资源的需求也会保持较大的增长，但是无论从我国自身资源，还是从全球资源来看，这一点都已经难以为继了。

如果中国出口继续保持高速增长，那么对全球资源的需求，将是持续而巨大的，有如一个无底洞，欲壑难填。一种形象的说法，我国就像一个大胃王，怎么吃也吃不饱。很多人可能依然印象深刻，在 2005—2006 年，甚至更早的时候，西方媒体突然出现了大量的报道，说加拿大、德国、日本、美国等国家的井盖被盗，原因是什么呢？他们说是中国对钢铁的需求，导致了废铁价格的大幅上涨，这使得小偷们到处撬井盖，卖给废铁商，然后不远千里，运到中国。

有的报道说，井盖开始从马路和人行道上消失的速度还较慢，后来越来越快，这反映了中国的需求越来越迫切。

有的报道说，井盖丢失国家和地区的先后顺序，是由距离中国的远近来确定的，先是蒙古和吉尔吉斯斯坦丢井盖，然后是日本、韩国，接下来是德国、英国，最后在美国芝加哥，一个月内丢失了150多个井盖。

有的报道甚至说，中国对钢铁的需求，使得不光下水道井盖被盗，连电线、交通标志，还有住户的铁门都不能幸免，甚至铝、铜、不锈钢的啤酒桶都是小偷们下手的目标，黑社会也对这个好生意垂涎三尺。

这种报道，在世界经济景气的2007年达到了高潮，与其他质疑中国在全球攫取资源的报道一起，形成了大合唱。试想一下，千里之外乃至万里之外的西方城市丢了一个井盖，罪魁祸首居然安在中国身上，可见这种报道有多荒唐。

事实真相是，中国为了向全世界特别是发达国家供应物美价廉的产品，我们都快要把自己的资源能源耗光了。过去我们常说中国幅员辽阔、地大物博，现在来看，幅员依然辽阔，但是说资源丰富就不符合事实了。过去我们有很多资源丰富的城市，经过多年的过度开采，资源枯竭了。2008年、2009年、2011年，国家分三批确定了69个资源枯竭型城市（县、区）（详见《全国资源枯竭城市名单》）[1]。这么多资源枯竭城市，触

---

[1] 来自国家发改委网站。

目惊心，却是我国资源过度使用情况的一个真实写照。除了煤炭、石油、矿产资源之外，我国水资源也非常缺乏，很多河流枯水期变长，北方地区缺水问题更加严重，以致不得不"南水北调"。

表1-1 资源枯竭型城市名单

所在省（区市）	首批12座	第二批32座	第三批25座	大小兴安岭林区参照享受资源枯竭城市政策9座
河北		下花园区	井陉矿区	
		鹰手营子矿区		
山西		孝义市	霍州市	
内蒙古		阿尔山市	乌海市	牙克石市
			石拐区	额尔古纳市
				根河市
				鄂伦春旗
				扎兰屯市
辽宁	阜新市	抚顺市		
	盘锦市	北票市		
		弓长岭区		
		杨家杖子		
		南票区		

续　表

所在省 （区市）	首批 12 座	第二批 32 座	第三批 25 座	大小兴安岭林区 参照享受资源枯竭 城市政策 9 座
吉林	辽源市	舒兰市	二道江区	
	白山市	九台市	汪清县	
		敦化市		
黑龙江	伊春市	七台河市	鹤岗市	逊克县
	大兴安岭地区	五大连池市	双鸭山市	瑷辉区
				嘉荫县
				铁力市
江苏			贾汪区	
安徽		淮北市		
		铜陵市		
江西	萍乡市	景德镇市	新余市	
			大余县	
山东		枣庄市	新泰市	
			淄川区	
河南	焦作市	灵宝市	濮阳市	
湖北	大冶市	黄石市	松滋市	
		潜江市		
		钟祥市		

续 表

所在省 （区市）	首批 12 座	第二批 32 座	第三批 25 座	大小兴安岭林区 参照享受资源枯竭 城市政策 9 座
湖南		资兴市	涟源市	
		冷水江市	常宁市	
		耒阳市		
广东			韶关市	
广西		合山市	平桂管理区	
海南			昌江县	
重庆		万盛区	南川区	
四川		华蓥市	泸州市	
贵州		万山特区		
云南	个旧市	东川区	易门县	
陕西		铜川市	潼关县	
甘肃	白银市	玉门市	红古区	
宁夏	石嘴山市			

我国能源资源不够用了，不得不在全世界寻找资源，来满足中国的生产商出口全球。结果发现，真不容易！

能源资源"贵"字当头。虽然中国人卖什么什么都便宜，可是中国人买什么什么就贵。有人说，真羡慕英国、美国、德国这些老牌国家，在他们一步步发展壮大，实现工业化、现代化的时候，能源资源充足，而且价格非常便宜，他们生产出来的产品卖的都很贵。可是，等到我国走上工业化道路的时候，我们生产的工业品不值什么钱了，但能源资源的价格却贵得不得了。

以铁矿石为例，这些年我们吃了好多亏，人家卖给我们铁矿石贵就不说了，价格还有歧视，卖给我们的比卖给欧洲的价格要高。为什么铁矿石这么贵呢？不少人研究过这个问题，结论是：铁矿石卖方高度垄断，三个巨头（必和必拓、力拓、淡水河谷）把持，而买方市场却充分竞争。就好像在菜市场上卖菜的，就他们三个人卖韭菜的，互相勾结，欺行霸市，频频涨价，还没人管。而买方高度竞争，成千上万家钢铁生产和贸易企业，一哄而上，一盘散沙。

于是，专家们提建议了，让大家联合起来，联合起来就能提高谈判地位。这个道理有谁不知道呢？菜市场上的大妈都知道联合起来买菜肯定能便宜，关键问题是你联合得起来吗？如果搞一个铁矿石买家联盟，你今天早上联合起来，晚上就有人跑到卖方那边去，偷偷摸摸地搞小动作，以获取自己的一点小利益。更何况，三大垄断寡头，还雇用了很多中国人，其中不少是内行人，对中国这些情况摸得很熟悉，对付中国这些钢铁生产和贸易企业的办法多得很。

怎么办？市场的问题归根结底要由市场的办法解决，因为"市场在资源配置中起决定性作用"，国内市场如此，国际市场更是如此。相信我们的企业能够在市场竞争中找到办法，但这需要一个较长的时期。

能源资源一个字"难"。事非经过不知难。上面说了，中国人买什么什么就贵。有人说，那我们买矿山，买油田，这样不但能便宜些，还可以享受资源价格上涨带来的好处。可是这又谈何容易。现在世界上主要资源，特别是优质资源，无论是石油，还是铁矿石、铜等，基本上掌握在西方国家手里。我们去发达国家买，人家设置重重障碍，能让我们顺利买到手的不多；我们去发展中国家买，买那些西方国家没看上的、看漏了的，好不容易买了一点，而且还都是付出了很多代价换来的。比如说，给非洲当地无偿建道路、建学校等等，结果西方国家还在那里鼓噪什么新殖民主义，甚至煽风点火试图让当地与中国对立。当然发展中国家的朋友们眼睛也都是明亮的，不会受西方国家的挑拨，他们从我国的投资与合作中获得了实实在在的好处。

目前，我国石油、铁矿石等主要能源资源需求，对外依存度都相当高。如果我国出口继续保持较高的增长速度，那么对外能源的依赖会进一步加剧，这不但会受制于人，而且在全球资源紧张，重点地区（如中东）局势不稳定的情况下，进一步获取能源资源的难度，以及成本都大大提高了。总之，世界制造工厂需要世界资源，大胃王吃得饱、吃得好成了问题，出口增速也就难以太高了。

市场容量无法支撑

我国出口保持高速增长，意味着世界要以相应的速度买我们的产品。我国有几亿产业工人，有完整的工业体系和完善的产业配套，可以生产出绝大部分全世界需要的产品来。我国生产出更多的东西不是问题，问题是，这些东西卖给谁？

我们现在回过头，重新审视一下 2008 年金融危机。表面上看，这是美国次贷危机引起的，好像仅仅是个金融风险的问题。但更深层次的问题在于，由于西方国家在国际竞争中一天天衰落，原来的消费方式已经维持不下去了。西方国家特别是美国过去赖以生存的模式，发行债券，借别人的钱，买别人的产品，别人辛辛苦苦搞实业，他们玩金融，不亦乐乎。哪想到天道酬勤，世间自有公道，勤劳干活做实业的发展中国家一天天发展起来了。所谓的金融霸权，原来不过是虚幻。所谓的高消费模式，原来是寅吃卯粮、坐吃山空。这下子，地主家真的没有余粮了，不但没余粮，还到处欠了一屁股债。

在这个全球经济联系紧密的时代，在这个贸易全球化的时代，我们的日子一天天好起来，对手的日子一天天坏下去，从商品出口的角度来说，可能不是什么好事，因为这意味着我们的商品卖不出去了。对手的日子好过一点，我们的商品也会更好卖一些。

自2008年金融危机以来，我国对主要发达经济体出口的表现来看，也确实是这么回事。我们传统出口前三大市场分别是欧盟、美国和日本。

这几年，欧盟陷于债务危机的泥潭中，总是在挣扎着，爬不上岸来，而且还有越陷越深的风险。这边希腊危机刚消停，那边西班牙、意大利的危机又起来了，甚至一个小小的塞浦路斯，都闹得人心惶惶。在这种情况下，我们对欧盟的出口自然好不到哪里去。

再看日本，广场协议后经济停滞徘徊不前，失去了二十多年发展时机。一场大地震，让日本经济雪上加霜，出现了几十年来的首次逆差。日本经济如此糟糕，所以我们对日本的出口也很不理想。

而美国呢，虽然是本轮金融危机的爆发地，但是由于经济实力和复苏状况好于欧盟和日本，我们对美国的出口要好一些。从图1-3看，2002—2012年这段时间，我国对美国、欧盟的出口增长速度明显好于对日本的出口，这也反映出美国、欧盟经济状况好于日本。所以说，在全球化的当今世界，大家好，才是真的好。

全球经济失衡。主要进口大国财政经济状况不佳，不但会影

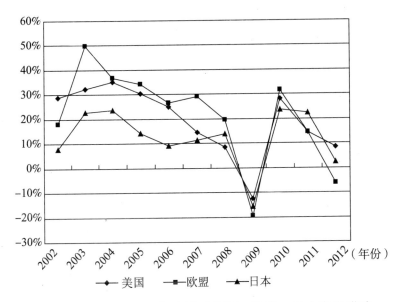

图 1 - 3　2002—2012 年我国对美国、欧盟、日本出口增速

响自身发展，也是影响全球经济发展的大问题。这个问题其实早在金融危机之前，就被很多人预见到了，并且有一个很专业的名称，叫"全球经济失衡"。早在 2005 年，国际货币基金组织（IMF）就提出，美国的贸易逆差常年保持较大的规模，对外负债巨大，而中国、德国，以及主要石油出口国有大量的顺差，外汇储备不断积累。长此以往，全球经济会非常脆弱。

　　全球经济失衡确实是一种客观存在，但是失衡的程度和失衡的原因，目前全世界还有不同的看法。有的西方学者认为，全球经济失衡是中国等主要出口国刻意追求贸易顺差造成的，因为这些贸易顺差大国实行重商主义政策，采取了种种不公平的手段，不遵守贸易规则，扭曲了国际贸易，进而扭曲了全球经济。

　　我们认为，这并不符合事实。全球失衡某种程度上说，是资本全球流动和产业全球分工的必然产物，同时也是美国等西方发达国家的消费模式造成的。而且我们愿意扩大自美国的进口以减少贸易顺差，但是美国在自身占有优势的高技术产品对华出口上设置了重重障碍。我们愿意扩大对美国的投资，可是美国却以国家安全为由再三阻挠我国对美国的投资。

中国大规模贸易顺差具有客观必然性和长期性。

第一，这是我国大规模全方位承接国际产业转移的结果，并且在这一过程中，外资企业发挥了重要作用，外资企业顺差占我国顺差比重，2000 年还不到 10%，2008 年就达到了 58%。

第二，这是我国国际竞争力不断提高的结果，我国工业品出口额位居全球第一，在增加出口的同时，也减少了对国外工业品的进口。

第三，从历史上看，贸易顺差是全球化时代世界大国工业化进程中普遍经历的阶段。美国在 1874—1970 年的 97 年间有 93 年顺差，德国在 1880—2008 年的 129 年中有 76 年是顺差。德国从 1955 年至今已持续 57 年顺差，日本从 1981 年起已持续 31 年顺差。只不过现在情况和过去有所不同，国际分工大大深化了，全球贸易这块蛋糕也越做越大了，因此，中国贸易顺差的规模比美国、德国要大很多。

全球经济失衡主要表现为贸易方面的失衡，贸易失衡导致债务在逆差国积累，债权在顺差国积累，积累的结果是逆差国的底子一天天的亏蚀。当然贸易失衡由来已久，20 世纪 80 年代的时候，美国对日本逆差达到相当大的规模，以至于逼迫日本签下了广场协议。到了 90 年代的时候，由于 IT 科技革命的兴起，经济景气，使得美国情况有所好转。21 世纪以来，美国在贸易失衡的同时，到处穷兵黩武，军费耗费很大，同时在网络技术泡沫破裂后，美国没有突破性的技术进步，国力相对下降。

出口大国市场之殇。出口大国在拓展国际市场过程中所遇到的难度明显大于出口小国。在成为出口大国之后，中国会遇到更多的新困难新挑战。在我国出口规模已经比较大的情况下，进一步扩大出口数量将会使国际市场价格下跌。这种情况，就是国际经济学中常讨论的"大国模型"和"小国模型"问题。实际上，由于我国一些传统大宗商品出口过多，出口价格指数明显下跌。比如，2010 年我国出口的电冰箱均价仅为 122 美元/台，空调为 179 美元/台，彩电 220 美元/台，照相机 56 美元/架，鞋 3.3 美元/双，袜子 0.36 美元/双。

和出口小国相比，我国这样的出口大国出口额进一步增长的难度很大。在工业化高度发达的当今世界，由于商品供给非常充足，大部分商品都是买方市场。在一定的需求之下，如果扩大商品供应，会导致商品价格的大幅下降，商品数量增长带来的好处会被价格的下跌"抵消"，导致出口额不会有太大增长。

人民币持续升值

多年来我国出口保持稳定增长的原因之一是，人民币汇率制度与我国经济实力和购买力水平基本相适应，人民币汇率保持相对稳定。但近年来，由于我国外贸顺差连续增长，人民币升值的外部压力越来越大。

人民币持续升值，影响我国出口产品在国际市场的竞争力。人民币升值已成为美国等发达国家制约中国经济发展的重要手段。近年来，美国要求人民币升值的论调不断增多。美国国会议员经常要求对中国施压以迫使人民币升值，动辄要求把中国认定为"汇率操纵国"。

从目前状况来看，人民币很可能进入一个长期渐进升值的阶

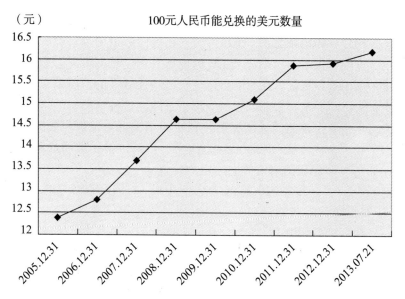

（元）　　　　　　100元人民币能兑换的美元数量

图1-4　2005年汇改以来人民币不断升值

段。在国际市场价格保持不变的情况下，人民币升值超过一定幅
度将会影响我国出口产品的价格，削弱出口产品的竞争优势，从
而阻碍我国对贸易伙伴的总体出口发展。

　　汇率对出口的影响是非常敏感的，与2005年汇改开始时相
比，2013年7月人民币对美元升值超过了34%，人民币对欧元升
值了超过20%。从图1-4可以看到，2005年汇改以来，人民币
相对于美元总体上处于升值的状态，也就是图中反映的100元人
民币能够换到的美元是越来越多了。如果反过来想一想，100美
元能够换到的人民币则是越来越少了。这对于那些出口企业来
说，对利润的影响是不言而喻的。1985年，美国等西方国家压日
本签订了广场协议，日元短期内大幅升值，3年内升值超过
100%，导致日本经济陷入长期的衰退。汇率升高对于一个国家，

特别是依赖出口的国家的打击是致命的。

广场协议

广场协议是影响日本出口和日本经济的一个重大历史事件。

经过第二次世界大战几十年的发展，到了 20 世纪 80 年代的时候，日本出口具备很强的竞争力，对美国有较大的顺差，取代美国成为世界上最大的债权国。与此同时，美国由于陷入越战泥潭，又忙着和苏联搞对立，再加之石油危机的冲击，经济增长缓慢，对外贸易逆差大幅增长。在这种情况下，美国坐不住了，希望通过压迫日元升值、美元贬值来提高美国出口商品的竞争力。1985 年 9 月，美国、日本、西德、法国和英国在纽约广场饭店举行会议，达成了五国政府联合干预外汇市场，诱导美元对主要货币的汇率有秩序地贬值，以解决美国巨额贸易赤字问题的协议。由于协议在广场饭店签订，所以该协议被称为"广场协议"。

"广场协议"揭开了日元急速升值的序幕。协议签订后不到 3 个月的时间里，日元兑美元从 250∶1 升至 200∶1，急升 25%。此后，美国政府又不断地对美元进行口头干预，使得日元兑美元在 1987 年就升至 120∶1。也就是说在不到 3 年的时间里，日元对美元升值了 108%，这极大地削弱了日本出口的竞争力，同时给日本股市和房市积聚了巨大的风险，加之日本政府应对失措，日本经济进入长期的衰退。

制造业北归

国际竞争进一步加剧。随着一些发展中国家出口总体竞争力进一步上升，我国传统低端优势产品领域将面临发展中国家更多的挑战和强有力的竞争。同时，欧美国家更加重视发展制造业，中国在中高端产品领域面临发达国家的直接竞争。

美国 2010 年提出"出口倍增计划"，提出未来 5 年要实现出口翻番的目标，通过设立出口促进部和总统出口委员会、扩大贸易融资规模、改革出口管制体系、推动商务外交、实施国别贸易战略等手段，大力实施出口导向战略，为美国创造 200 万个就业岗位。

欧盟振兴计划提出"未来工厂项目"，提升制造业竞争力，通过技术创新争取成为世界领先者；通过智能产品和新型商业模式争当工厂和工厂设备的生产者；实现将就业和利润都留在欧洲的目标。

美欧各自的新贸易战略，都着眼于抢占战略制高点，争夺 21 世纪世界经济发展的主导地位，巩固世界经济贸易强国地位。对我国实施后危机时代外贸出口战略形成了强有力竞争与挑战。

第四节　高速增长仍可见

美国出口倍增计划

从美国、德国等国出口发展历史来看。美国是比较成熟的出口大国之一，出口规模也达到了相当的高度，但是就在这种情况下，美国也不时会出现两位数的出口增长速度。比如在 21 世纪初科技泡沫破灭后，美国出口经过几年的调整，2004—2008 年的出口增速都在 10% 以上。在美国提出"出口倍增计划"后，2010年出口增长 21%，2011 年出口增长 15.8%。再看德国，最近这些年也不乏两位数的增长，比如 2003 年、2004 年、2007 年等年份出口增速都在 10% 以上。

我国改革开放总设计师说过，社会主义国家也有市场，资本主义国家也有计划。美国总统奥巴马以自己的实际行动响应总设计师的号召，提出了"美国出口倍增计划"。当然，此计划和彼计划并不完全是一回事。过去有些人说西方国家不重视出口，有些西方人也老是批评东亚国家是所谓重商主义，一味追求出口。谁说发达国家不重视出口呢？不但重视，而且千方百计、绞尽脑汁想办法促进出口，奥巴马不就是这么干的么。

"美国出口倍增计划"是奥巴马在 2010 年提出的，计划用 5 年时间实现美国出口翻番，这是相当宏大的一个目标。我们算一下，5 年翻一番，每年就要增长 15%，过去 50 年美国出口的年均增速才 9%。这一计划提出后，美国出口确实增长很快，特别是在最近几年全球经济不景气，欧洲出口下滑的情况下，2010—2012 年，美国出口增速分别达到 21.0%、15.8% 和 4.5%，2012 年的出口额还创下历史新高。出口倍增计划的实施，带动了制造业回归美国，为美国创造了大量的就业岗位。

2013 年奥巴马政府提出，要继续推进"美国出口倍增计划"，加强跨太平洋战略经济伙伴协定谈判（TPP）、跨大西洋贸易与投资伙伴协定谈判（TTIP）等自由贸易谈判，为美国出口打造更大的发展平台，营造更好的发展环境，创造更大的发展空间。

未来中国亦有可能

中国作为一个崛起中的发展中大国，无论是国内生产总值还是出口都经历了三十多年的高速增长，今后受能源资源供应、世界市场空间等因素制约，我国出口继续长期保持高速增长的可能性已经不大，未来低速增长应该成为常态。因此，首先从思想认识上，我们必须转变观念，尽快适应我国国内生产总值和出口增长由高速转入中速发展的时代。

我国产业发展逐渐向高端升级，过去以出口纺织品、服装等商品为主，今后随着装备制造业水平的提高，出口档次和附加值也会逐渐提高，出口还有一定增长潜力和提升空间。从国际经贸合作看，随着世界分工的进一步深化，随着各种自由贸易形式的发展，国家间商品和服务的进出口规模还会进一步扩大。通过充分挖掘和发挥我国新的比较优势，深度参与国际经济合作，我国出口仍有可能在未来某些年份出现两位数以上的增长。

第二章 Chapter Two

出口规模翻又翻

　　未来中国出口增长究竟还有多大空间？从出口规模看，我国在过去 63 年里实现了从 5 亿美元到 2 万亿美元的飞跃，增长了4000 倍。从世界市场份额看，我国出口从 1980 年的 1% 左右，一路攀升到目前的 11%。未来出口是否还能继续上升到 12%，或13%，甚至更高呢？还是会转而下降呢？我们认为，未来我国出口增长空间还会有，但也很有限。可以肯定的是，至少在未来一段时间内，我国出口维持 10% 左右的世界市场份额，还是能够做到的。

第一节　从5亿到2万亿美元

63年增长4000倍

从纵向发展来看，从1950—2012年63年期间，我国出口规模从5亿美元增长至2万亿美元，增长了近4000倍。

出口在1950年才5亿美元，1963年为16.5亿美元，到1978年是98亿美元，还不到100亿美元，位居世界第34位。改革开放以来特别是加入世界贸易组织以来，出口快速发展，连上新台阶，不断实现新突破。2001年我国出口2660.9亿美元，位居世界第6位，2002年出口总额为3255.9亿美元，提升到第4位，2004年出口总额为5933.2亿美元，居世界第3位，2007年达到12204.5亿美元，居世界第2位，2009年实现外贸出口12016.1亿美元，超过德国成为世界第1大出口国，并保持至今。其中，2012年出口达到20488亿美元，突破了2万亿美元大关。

从图2-1可以直观地看到，我国出口规模不断扩大的情况。从1950—1989年，我国出口规模在图中还都表现为一条"地平线"。从1989—2001年，出口规模有了较大的提升。而从2001年起，出口规模就呈直线上升的态势了。

（亿美元）

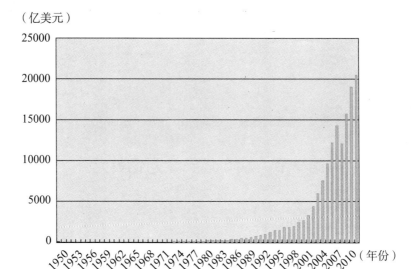

图 2 - 1　1950—2012 年中国出口规模变化

出口史上三节点

在我国出口规模快速增长的历史上，有三个时间节点值得关注，分别是 1981 年、2000 年和 2012 年。

出口规模突破 200 亿美元。1981 年，我国改革开放的初期，我国出口规模第一次突破 200 亿美元，达到 220 亿美元。从新中国成立算起，出口规模从 5 亿美元增长到了 200 亿美元，用了 30多年的时间。这里需要指出，1978 年我国出口规模尚不足 100 亿美元，短短 3 年间，出口额就翻了一番，这充分说明了改革开放对生产力的极大解放，对我国出口的极大促进。

出口规模突破 2000 亿美元。2000 年，在我国加入世界贸易组织的前一年，我国出口规模第一次突破 2000 亿美元，达到

2492 亿美元。出口规模从 200 亿美元增长到 2000 亿美元，用了 19 年时间。在这 19 年里，我国出口规模不断迈上新台阶，1989 年首次突破 500 亿美元，5 年后（1994 年）突破 1000 亿美元，再过 6 年后（2000 年）又翻了一番。

出口规模突破 20000 亿美元。2012 年，在加入世贸组织 11 年后，我国出口规模第一次突破 20000 亿美元，达到 20488 亿美元。出口规模从 2000 亿美元增长到 20000 亿美元，仅仅用了 12 年时间。这 12 年是我国外贸出口发展最好的阶段，由于加入了世界贸易组织，一方面有关国家取消了很多对我出口的限制；另一方面我们自己进一步改革了外贸体制，消除了影响外贸出口的体制机制障碍，从而取得了外贸出口的巨大成就。

第二节　头把交椅轮流坐

从世界出口的市场份额来看，我国从 1978 年的 0.8% 提高到 2012 年的 11.1%。通过横向比较几个主要出口大国，我们发现：美国出口份额最高发生在 1999 年，达到 12.8%；德国出口份额最高时达到 11.8%，发生在 1990 年；日本出口份额最高时为 9.8%，发生在 1993 年，但是日本出口份额从来没有排过世界第一位。中国出口额在 2009 年就已经成为世界第一，2009 年出口占世界份额是 9.6%，2010 年、2011 年都是 10.4%，从 2009—2012 年我们连续 4 年出口世界第一。

从表 2-1 我们可以进一步看到，德国在很长时间里保持了相对稳定的 10% 左右的世界份额，这体现了德国出口的强大竞争力。美国也相对比较稳定，出口份额尽管从高峰期的 12.8% 下降至 8.4%，仍然保持较高的水平。日本出口份额从最高时的 9.8% 跌落到 2012 年的 4.3%，已经掉去一半，这也反映了日本在世界经济地位的下降。我国的出口份额基本上保持着稳步的增长。

表 2 - 1　1980—2012 年中美德日出口占世界市场份额比较

年份	中国	美国	德国	日本
1980	0.9%	11.3%	9.7%	6.6%
1985	1.4%	11.2%	9.5%	9.2%
1990	1.8%	11.2%	11.8%	8.3%
1991	2.0%	11.7%	11.4%	8.9%
1992	2.3%	11.9%	11.4%	9.2%
1993	2.5%	12.4%	10.3%	9.8%
1994	2.9%	12.1%	10.2%	9.5%
1995	3.0%	11.5%	10.1%	8.8%
1996	2.9%	11.7%	10.0%	7.8%
1997	3.4%	12.4%	9.4%	7.7%
1998	3.4%	12.4%	10.0%	7.2%
1999	3.6%	12.8%	9.9%	7.6%
2000	3.9%	12.1%	8.5%	7.4%
2001	4.3%	11.8%	9.2%	6.5%
2002	5.0%	10.7%	9.5%	6.4%
2003	5.8%	9.6%	9.9%	6.2%
2004	6.5%	8.9%	9.9%	6.1%
2005	7.3%	8.7%	9.3%	5.7%
2006	8.0%	8.6%	9.1%	5.3%

续 表

年份	中国	美国	德国	日本
2007	8.8%	8.3%	9.4%	5.1%
2008	8.9%	8.1%	9.1%	4.9%
2009	9.6%	8.5%	9.0%	4.6%
2010	10.4%	8.4%	8.3%	5.1%
2011	10.4%	8.1%	8.1%	4.5%
2012	11.1%	8.4%	7.6%	4.3%

美国出口份额变化

1985 年以前，美国出口的全球市场份额基本长期占据世界第一的位置，这反映了那段时期美国经济在全球的地位。更早的历史先不说了，第二次世界大战后美国在全球经济贸易中处于一枝独秀的地位。第二次世界大战打垮了德国、日本等主要资本主义强国，削弱了英国、法国等老牌资本主义大国，欧洲、日本都是一片废墟，只有美国不但没有削弱，还由于在战争中拉动了内需，经济获得了进一步发展。美国在欧洲推行马歇尔计划，给予西欧国家优惠贷款或援助，并鼓励进口美国产品。这些都使得美国出口份额，长期占据世界第一的位置，并且远远超过其他国家。

随着西欧、日本的崛起，美国在全球经济中的地位有所下降，反映到出口上，就表现为出口份额在一个时期内不断下降。比如 1990 年，美国出口份额甚至比德国还要低一点。1991—2002 年美国出口又是世界第一，这主要得益于冷战红利以及美国在 20 世纪 90 年代信息技术革命的贡献。但是这段时间，美国出口份额与德国出口份额的差距并不大，在 2003—2008 年又被德国反超了。

总的来看，2002 年以前，美国出口份额能保持在 10% 以上的水平；2003 年至今，美国出口份额低于 10%，基本保持在 8% ~ 9% 之间，基本上位居世界第二或第三，不是在德国之后（2003—2006 年），就是在中国之后（2010—2012 年），或者在德国、中国之后（2007—2008 年），中国、德国之后（2009 年）。

德国出口份额变化

德国的经济总量，在过去很长时间里，排在美国、日本之后，现在是排在美国、中国、日本之后。但是德国出口的全球地位，却更高一些，这反映出德国强大的工业生产能力和出口竞争力，说明德国经济比美国经济更依赖出口。

德国在 1986—1990 年，以及 2003—2008 年期间，出口份额都位居世界第一，这里面欧盟的因素很重要，欧盟占德国出口的比重很大。

德国出口份额一个很大的特点是比较稳定，1980—2004 年长期保持 10% 左右的份额，2005 年至今基本保持 8% ~ 9% 左右的份额。值得注意的是，德国出口份额在 2007 年以来，逐年在下降。这里面可能反映了一种情况，就是随着新兴和发展中国家的发展，德国乃至欧洲在全球经济贸易中的地位有所下降。如果和美国相比，德国出口份额的单边下降更为明显，因为美国的出口份额在这几年还有升有降，而德国是只降不升。

日本出口份额变化

日本出口份额在 20 世纪 80 年代和 90 年代初期达到了其历史高峰，最高时曾接近 10%。但从 1994 年以来，日本出口份额总的趋势是一路下降的，2000 年的时候还有 7.4% 的份额，从那时到现在又降低了3个多百分点。1985—1995年这段时间，日本出口份额在9%上下，1993年达到了9.8%。

日本出口份额的下降，是非常明显的。1996年以来，日本出口份额都低于8%；2001年以来，日本出口份额都低于7%；2005年以来，日本出口份额都低于6%。2011年、2012年，日本出口份额分别为4.5%和4.3%。日本出口份额不断下降，是日本全球经济地位下降的真实写照。

日本在20世纪80年代和90年代，经济发展处于其历史最好阶段，一度让美国都为之紧张，惊呼日本会不会超过美国或者买下美国。但之后日本经济长期停滞不前，失去了10年，又失去了20年。除了大家都知道的广场协议，迫使日元升值削弱了日本出口竞争力之外，还有一个重要的因素是，日本在新科技革命中没有大的突破，没有形成新的经济增长点，这和美国科技革命的迅猛发展形成了鲜明对比。日本出口在高端领域面临着美国、德国，以及新兴的韩国的激烈竞争，同时很多中低端产业又转移至中国和东南亚，那么日本出口份额不断下滑就是可以理解的了。

中国出口份额变化

从2009年起中国出口份额超过德国成为世界第一，并连续保持到现在。从出口份额来看，我国经历了从不到1%到超过11%的大幅提高。1985年，我国出口份额仅为1.4%。1991年，我国出口份额才站上2%的位置。1995年，我国出口份额首次达到3%。2001年，也就是我国加入世界贸易组织的当年，我国出口份额也才4.3%。

从那时开始，我国出口份额不断攀升，全球地位不断提高。过去我国出口份额每提高1个百分点，往往都需要5年甚至更长的时间。而最近 10 年，我国出口份额就提高了 6 个百分点。2004 年才首次突破 6% 的份额，2005 年就突破了 7%，2006 年就达到了 8%。2009 年我国出口份额高达 9.6%，首次取得了世界第一的位置，并连续保持至今。2012 年，我国出口份额为 11.1%，相当于全球的 1/9。

中国出口份额的变化，甚至比我国经济总量在全球的份额变化还要快；中国出口份额的全球地位，比我国经济总量的全球地位还要高。这充分说明了，改革开放特别是加入世贸组织以来，我国出口发展取得了巨大的成就，而且事实上对国民经济的发展也起到了巨大的带动作用。

第三节　世界份额新高度

未来空间有多少?

从出口份额来看，当前我国已经到 11% 了，出口究竟还有多大增长空间？未来是否还能上升到 12%～13%，甚至更高呢？或者是下降呢？

国外有的经济学家认为，随着中国发展方式转变和劳动力成本上升，目前中国出口占世界出口份额可能已经接近顶部了，未来很难继续提高。

改革开放以来，我国出口规模不断扩大，出口份额不断提升，很重要的一条经验是，我国借鉴了日本、韩国等新兴工业化国家和地区出口导向战略的经验，成功实行了以出口为导向的外贸发展战略，"出口创汇"、"不遗余力扩大出口"成为我国各地区、各行业发展对外贸易的重要目标。顺差就是成绩，创汇就是目的，成为我们追求的主要目标。这一战略对中国经济腾飞发挥了重要作用，我国的对外贸易也取得了突飞猛进的发展，我国因此迈入贸易大国行列，出口占世界市场份额提高到现在的11%左右。未来能否继续提高，比如到13%，甚至15%；或者出现下降，如降到8%？

这个问题要从两方面看：

一方面，美国历史上出口占世界市场份额最高曾超过30%，但这是第二次世界大战后特殊历史年代的产物，并不具有可比性。美国在20世纪90年代出口的世界市场份额曾接近13%，这会不会成为正常经济发展状态下一个国家出口份额的极限？

随着我国出口规模的不断扩大和占世界市场份额的不断提高，过去实行的出口导向战略，在实际运行过程中出现了一些问题，各种深层次问题日益凸显。出口导向战略很难在出口大国长期实施。

这种战略过多地依赖国际需求，在国际社会经济形势较好时，个别国家推行这一战略可以取得较好的效果。但是如果世界范围内较多国家同时实施这一战略，并且有大国大规模出口，将会对别国的产业造成冲击，这势必造成国际社会贸易摩擦增多，最终不利于出口的持续增长和经济的发展。

出口导向战略在一定程度上也加剧了国内的资源、环境压力。我国人口众多，人均资源占有量较低，而在出口导向战略指引下，我国加工制造业部分属于高耗能、高污染、严重依赖原材料加工的劳动密集型和资源密集型产业，出口量越大，对资源的消耗越多，对环境的破坏也就越严重，经济发展与资源环境之间的矛盾日益加剧。

另一方面，未来几年世界经济和货物贸易仍能达到3%以上的增长（根据国际货币基金组织和世界贸易组织预测），经济全球化和区域合作深入推进；我国经济发展较为稳定，产业结构调整和企业转型升级步伐不断加快；我国制造业仍具有较强竞争力，实施"走出去"带动出口增长等，这些因素仍会支撑我国出口向上增长。因此，中国出口占世界市场份额可能还有一定的提升空间。

我们认为，超过美国（12.8%）达到13%是比较有可能的。能否达到15%的新高度，也取决于国际经济发展态势和我国出口自身的努力。但是，超过15%寻求更高市场份额可能性就不大了。

包围圈，还是新空间？

既然谈到世界份额新高度问题，就不能不说说自由贸易区了，因为这对未来我国的出口有很大的影响。什么是自由贸易区呢？

自由贸易区的内涵。这几年自由贸易区很火，关于自由贸易区的报道很多，专家们对自由贸易区也很关注，全国各地对申请建设自由贸易区热情高涨，但是在自由贸易区的概念内涵上还存在混淆的现象。一种情况是，就如大家都知道的中国—东盟自由贸易区。另外一种情况是，如国家刚刚批准设立的中国（上海）自由贸易试验区，媒体报道也常常简称为自由贸易区。这两个"自由贸易区"名字相同，内涵却千差万别。

早在2008年的时候，商务部、海关总署就曾经发了一个文件《关于规范"自由贸易区"表述的函》（商国际函〔2008〕15号），里面说得再清楚不过了：

"根据世界贸易组织的有关解释，所谓'自由贸易区'，是指两个以上的主权国家或单独关税区通过签署协定，在世贸组织最惠国待遇基础上，相互进一步开放市场，分阶段取消绝大部分货物的关税和非关税壁垒，改善服务和投资的市场准入条件，从而形成的实现贸易和投资自由化的特定区域。'自由贸易区'所涵盖的范围是签署自由贸易协定的所有成员的全部关税领土，而非其中的某一部分。迄今，我国已与东盟、巴基斯坦、智利、新西兰等签署自由贸易协定，从而建立起了涵盖我方和对方全部关税领土（注：我方关税领土不含香港、澳门和台湾地区）的'自由贸易区'。'自由贸易区'对应的英文是 FREE TRADE AREA（FTA）。"

15 号文件还提到，"近年来，在国内一些公开发表的文章、内部工作文件和媒体报道中，常常出现另一种'自由贸易区'的提法，其对应的英文为 FREE TRADE ZONE（'自由贸易园区'，FTZ），指在某一国家或地区境内设立的实行优惠税收和特殊监管政策的小块特定区域，类似于世界海关组织的前身——海关合作理事会所解释的'自由区'。"

那么什么又是"自由区"呢？15 号文件对此也做了解释，自由区（FREE ZONE）系指缔约方境内的一部分，进入这一部分的任何货物，就进口税费而言，通常视为在关境之外，并免于实施通常的海关监管措施。有的国家还使用其他一些称谓，例如自由港、自由仓等。我国的保税区、出口加工区、保税港等特殊经济功能区都具有"自由贸易园区"的某些特征，但目前我国尚无与"自由贸易园区"完全对应的区域。

2013 年 7 月，国务院常务会通过了《中国（上海）自由贸易试验区总体方案》。2013 年 9 月国务院批准了《中国（上海）自由贸易试验区总体方案》。2013 年 9 月底，中国（上海）自由贸易实验区正式挂牌运行。总体上看，试验区建设开局良好，运行平稳，取得了积极成效。社会创业投资热情得到充分激发，服务业扩大开放势头良好，试验区在国内外引起强烈反响。

其实自由贸易区是一个很简单、也很好理解的事情。打个比方，就是大家本来在一块做生意，是互相开放的，你好我好大家好嘛。但现在有几个人，搞了一个小团体，他们做买卖优先找小团体内的，生意先照顾自己人，彼此还有优惠，打折啊什么的。对外人呢，还要求送烟送酒的，或者就根本不和你做生意。这样一来，小团体外的人就不好受了。如果小团体内的成员都是大户，别人就更难做生意了。

搞这种团团伙伙，美国是老手了，要不然怎么叫老牌资本主义国家呢。第二次世界大战后他们就搞了一个世界贸易组织（World Trade Organization，WTO），搞贸易自由化，去除国家和地区间商品流通的壁垒。客观上说，世界贸易组织确实对促进世界贸易发展、各国经济技术交流，发挥了很大的作用。当然这个贸易体系，对西方国家的好处更多，因为它们是贸易大国、贸易强国，并且是规则的制定者；如果再考虑到美元是世界流通货币，那么完全可以说美国是这个体系的最大受益者。

中国搞改革开放，当然也要积极融入世界市场中，当年也是费了九牛二虎之力，好不容易才加入到世贸组织中来。曹雪芹写了一本《石头记》，叫"批阅十载，增删五次"。中国加入世界贸易组织，最后终于签了那个协议书，花费的时间和精力可要远远超过那本《石头记》了。加入世界贸易组织以前，我国对外贸易发展的国际环境是不稳定而且复杂多变的。譬如，在我国入世以前美国给予我国的最惠国待遇每年都需要经过美国国会的审议，即便是批准也经常附加一些非经济和非贸易的条件。

2001年年底，我国正式加入世界贸易组织，成为WTO的成员。加入WTO对我国出口发展的积极效应明显增强，主要表现在：加入世贸组织促进制度性开放。入世后我国由有限范围、领域、地域的开放，转变为全方位、多层次、宽领域的开放；由以试点为特征的政策性开放，转变为法律框架下的制度性开放，由单方面的自我开放，转变为与世贸成员的相互开放；由被动接受国际规则，转变为主动参与国际规则制定；由只依靠多边，转变为多双边和区域合作并举，对出口及国民经济产生了重大而深远的影响。通过世贸组织的框架和规则，我们不但取得了普遍的最惠国待遇，赢得了一个相对稳定、公平、透明、可以预期的出口环境，而且还可以通过 WTO 的多边机制积极参与国际贸易规则的制定，从而可以更充分地发挥我国作为世界上最大的发展中国家的积极影响。

加入世贸组织十多年来，原来影响我国出口的制约因素已发生变化，国外对我贸易壁垒减少，出口环境明显改善。我们的各种优势特别是劳动力优势得到了充分发挥，出口连年大幅增长，我国迅速发展成为世界第一大出口国。当今世界每 100 美元的商品，就有 11 美元是中国出口的。

我们北边的邻居俄罗斯，从中国入世实践中发现，加入世贸组织确实带来了实实在在的好处，于是也费了很大的力气，终于在 2012 年加入进来了。

美国另起炉灶

世贸组织现有的规则，本来就是美国等发达国家主导制定的，对他们肯定是有利的。举个例子，美国可以自由选择限制什么产品出口，比如限制高新技术产品出口；而我国要加强某些产品的出口管理就不可以，比如稀土产品。为了生产出口稀土，环境破坏很大，我们想加强一下管理，美欧就把官司打到世贸组织。我们自己的产品，卖与不卖自己说了都不算，就算是为了保护环境也不行。

但美国人似乎正试图在世界贸易组织体系之外再搞一套，这就是美国人正在积极推进的跨太平洋战略经济伙伴关系协定

(Trans-Pacific Partnership Agreement，TPP）和跨大西洋贸易与投资伙伴关系协定（Transatlantic Trade and Investment Partnership，TTIP）。一位西方经济学家很形象地说，"美国这个司机把大家带上世界贸易组织这辆车后，自己却带着车上的一部分人上另外一辆车从高速公路开走了。"从目前看，很多人都认为 TTP 和 TTIP 是针对中国的，因为这两个体系（特别是 TPP）都是不带中国玩的（Anyone But China）。

关于 TPP、TTIP

跨太平洋伙伴关系协议（Trans-Pacific Partnership Agreement，TPP）。2005 年，文莱、智利、新西兰、新加坡四国搞的跨太平洋伙伴关系，美国并没有参与。2008 年美国开始加入，并邀请澳大利亚、秘鲁等一同加入谈判，美国借助 TPP 这个平台，试图打造一个符合自己战略设想的亚太自由贸易区。2010 年，马来西亚和越南也加入 TPP 谈判。2012 年，墨西哥、加拿大先后成为 TPP 第 10 个和第 11 个成员国。2013 年，日本正式加入 TPP 谈判。至此，除中国外的亚太地区主要经济国家均已参与 TPP 谈判，这对我国构成了一定的压力。

跨大西洋贸易与投资伙伴关系协定（Transatlantic Trade and Investment Partnership，TTIP）。好多年前，美国、欧洲的经济界就有建立美欧自贸区的想法。但是由于美欧同为发达经济体，彼此产品竞争性强，所以自贸谈判一直没有正式启动。2008 年金融危机的发生，特别是随着新兴和发展中经济体的崛起，美国、欧洲彼此惺惺相惜，抱团取暖的想法在彼此的心中燃烧。2013 年，欧盟和美国计划启动跨大西洋贸易与投资伙伴关系协定（TTIP）谈判，并打算在 2014 年年底前完成谈判，迫切心情可见一斑。欧美合计占世界国内生产总值半壁江山和进出口总额的 1/3 左右，都是高度发达的经济体。如果 TTIP 谈成，美欧形成一套新的统一的国际贸易规则和标准，势必影响和冲击现有的世界贸易规则和产业标准，对世界其他地区，特别是新兴和发展中国家构成严峻的挑战。

美国作为大英帝国的传人，驾驭国际政治经济手段十分娴熟。美国向东推进 TPP，向西推进 TTIP，欧洲和日本在美国带动下，也在推进自贸区谈判。主要发达经济体在 WTO 体系之外，积极推动建立的新的自由贸易网络，试图制定"21 世纪的贸易规则"，并且把中国、俄罗斯、印度、巴西（主要是中国）排除在外，矛头指向，一目了然。

美国人为什么要在世贸组织之外另搞一套呢？因为就是在这样一个对西方有利的规则体系下，中国仍然得到了大发展。所以，美国人心态不平衡，又害了红眼病，还要在世贸组织规则之外，另搞"更高标准"的规则。什么是"更高标准"？就是对美国更有利的标准。

自贸区谈判热火朝天

客观来说，目前世界自贸区谈判越来越多，还有一个重要原因，世贸组织多哈回合谈判停滞不前，一些国家想先行一步。比如日本，也在与欧洲进行自贸区谈判。由于欧盟和日本都是我国重要的出口市场，如果它们谈成自贸区，贸易转移效应也会对我国的出口产生一定的冲击。

美国、德国出口长期保持较高的增长水平，在世界市场份额比较高。特别是德国，世界市场份额长期在 10% 左右。这里面值得重视的一点是，德国出口有着十分稳定的"后院"——欧盟。欧盟占德国出口的 60% 以上，为德国产品提供了没有篱笆的巨大市场，向欧盟其他国家出口再多的商品，都没有贸易摩擦。欧盟实际上是更高层次的自贸区，不仅贸易自由化了，而且劳动力也能自由流动，并且货币都统一了。

对我国来说，美国在太平洋、大西洋两边同时推动自由贸易区谈判，日本、欧洲也在加紧推进自由贸易区谈判，形势很复杂。那么如果我们想拥有比较稳定的贸易伙伴，能够拥有比较稳定的出口市场，能够比较顺利地把我们的产品卖出去，我们就有必要像当年重视加入世贸组织一样，重视与贸易伙伴的自由贸易区建设。

截至 2013 年 6 月，我国正在谈判或建设的自由贸易区有 18 个，共涉及 31 个国家和地区。其中，已经谈成了 11 个自贸协议，涉及 19 个国家和地区，主要是：我国与东盟、新加坡、巴基斯坦、新西兰、智利、秘鲁、哥斯达黎加、冰岛的自贸协议，内地与香港、澳门的更紧密的经贸关系安排，以及大陆与台湾的海峡两岸经济合作框架协议。这个成绩是很大的，但是和我们这么一个体量的贸易大国比起来，还不够。为什么呢？因为我们已经谈成自贸区的国家和地区，除了东盟外，体量还都是比较小的，尚没有重量级的。

根据有关部门的介绍，目前我国正在谈的自贸区有 7 个（涉及 23 个国家），包括中日韩、区域全面经济合作伙伴关系（RCEP）中国和海合会、澳大利亚等。

此外，对于 TPP、TTIP，我国也不能坐视不管，任由它成为世界贸易的新标准，还是要积极应对。现在有些学者提出了中欧自贸区、中美自贸区的设想，这可能是比较遥远的事情了。因为我们毕竟是发展中国家，和美国、欧洲等发达经济体进行自贸谈判，我们处于不利的谈判地位。更何况，欧洲和美国恐怕也没有做好和我们进行自贸谈判的准备。现在我们还是应该以周边国家和地区为主，营造一个对我有利的经济区域，这在将来对区域外谈判的时候，也会有很大的好处，增加我们的谈判筹码。

关于 RCEP

区域全面经济伙伴关系（Regional Com-prehensive Economic Partnership，RCEP）。东盟近年来首次倡议，由东盟主导的区域经济一体化合作，主要成员包括东盟十国和中国、日本、韩国、澳大利亚、新西兰、印度。共同参加（10＋6）。RCEP如果谈成，将是世界最大和人口最多的自贸区，国内生产总值合计占世界1/3。

RCEP不像上面说的TPP和TTIP那样，把中国排除在外。相反，它还把区域外国家（美国、俄罗斯）排除在外。其原因是，RCEP的成员国除了东盟外，都是和东盟签署了自由贸易协定的国家，即中国、日本、韩国、澳大利亚、新西兰、印度。东盟计划区域内16个国家先进行谈判，然后再说美国加入不加入的事情。实际上，请注意，RCEP可以说是东亚共同体的翻版，东亚共同体有两种模式：一种是东盟加3（中日韩），另一种是东盟加6（中日韩澳新印）。

对东盟来说，为什么这么积极推动RCEP呢？美国搞的TPP，以及中日韩搞的三国自贸区谈判，这些都会让它的主导权旁落，因此它有必要通过 RCEP 建设巩固自己在东亚经贸整合中的重要地位，让自己成为区域经济整合的关键。由于东盟的计划也符合其他六国的利益，特别对我国来说，这是突破美国 TPP、TTIP 包围的好机会，所以大家都乐见其成。

总之，积极主动应对 TPP、TTIP，把我们的自由贸易区经营好，营造我国的出口"后院"，这关乎中国出口大局，关乎中国国运。走不出，就是"包围圈"；走出去，就是"新空间"。

第三章 Chapter Three

出口空间看成本

　　出口成本攀升是否揭开了中国制造业向外转移的序幕？回顾一下，过去30年我国外贸增长可以简单概括为两个关键词：一是"代工时代"，二是"成本候鸟"。所谓"代工时代"，是指我国很多外贸企业接到国外订单后，进行加工组装，然后贴上外国品牌，因此又叫"贴牌加工"。所谓"成本候鸟"，是指那些对成本变化非常敏感的出口企业，它们常常随着劳动力等生产经营成本的变化，而不断地迁徙，以寻找成本更低、利润更大的地方来栖身。目前看，随着我国出口成本的不断提高，"代工时代"终有落幕之时，而"成本候鸟"也有"见异思迁"之势。

第一节 成本高处不胜寒

这些年来，中国制造成本优势比较明显，主要依靠廉价劳动力和其他要素的大量投入，低成本优势使得我国的出口具有很强的竞争力。但现在这种低成本优势正在逐渐消失。

低成本优势逐渐消失

加入世界贸易组织以来，我国出口之所以得到长足的发展。一个重要原因是，我国将劳动力资源优势，转化为产品成本优势，进而转化为国际竞争力优势，使出口成为不出国门的劳务输出。我国出口企业特别是劳动密集型出口企业，吸纳了大量的劳动力，其中60%是来自于农村转移的劳动力。在我国经济体制转型、产业结构调整、农村劳动力转移的特殊时期，出口将我国富余劳动力转化为"人口红利"，极大缓解了我国就业压力，促进了社会稳定和城乡协调发展。

在我国出口迅速发展的同时，劳动力成本也在不断上涨。我国制造业工人月平均工资，从20世纪80年代两三百块钱，到现在一路上涨到两三千块钱，熟练工人、懂技术的劳动力工资则更高。一个基本概念是，30年我国劳动力成本上涨了10倍左右。目前，各国在商品输出领域竞争很激烈，特别是在传统劳动密集型行业，我国面临发展中国家要素成本低的挑战。2011 年越南月最低工资标准为 80 美元左右，柬埔寨为 61 美元左右，约为我国的 45% 和 33%。通过横向比较可以看出，这些年我国劳动力成本的确是增长非常快，尤其是近 10 年。据统计，德国在 2000—2010 年的 10 年间，劳动工资年均增长仅为 1.7%。劳动力成本应该是订单转移的一个最根本、最直接的原因，尤其是对于劳动密集型产业，因为它在劳动密集型产品成本构成里面所占的比重非常大，约占到 20%~30%，所以劳动力成本的上升直接影响到出口产品的价格和竞争力。

劳动力成本为什么上升的这么快呢？大家都知道，经济的高速增长必然带来劳动力成本的上升，这是一个不可避免的经济规律。虽然劳动力成本只是企业竞争力的一个因素，但却是企业成本构成中一个非常重要的因素，占比非常大。以韩国为例，1975 年韩国的劳动力成本大约是美国的 5%，随后每年以 13% 的速度增长，到 2005 年劳动力成本已上升到同期美国的 50%，在这一过程中，韩国的轻工纺织等劳动密集型产业逐步转移到其他国家。

劳动力成本上升的另外一个重要原因，是我国劳动力人口供给的变化。长期以来，我国都被认为是一个劳动力无限供给的国家。在二元经济社会中，来自农业和农村的剩余劳动力将源源不断地补充到非农业部门。由于劳动力无限供给，即使就业总量不断增加，工资水平却可以保持不变。10 年前这种局面被打破。2003 年，我国沿海地区开始出现了"用工荒"。从现象上看，劳动力短缺和工资上涨的情况已经比较明显；从供求关系分析，旺盛的劳动力需求和有限的劳动力供给，使劳动力市场供求态势发生了明显转变。

加入世贸组织以来，我国充分发挥了比较优势，特别是劳动

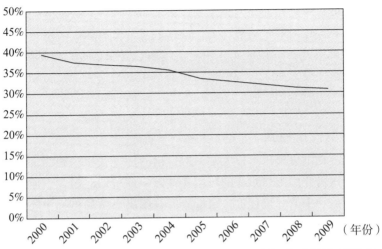

图 3 - 1　2000—2009 年青年人口（14～35 岁）占全国人口比重

力的比较优势，出口增长很迅速，出口额翻了几番。但是这十年，确有一个我们值得注意的动向，那就是青年人口（14～35岁）人口占全国人口比重，正在逐渐下降（具体见图 3 - 1）。这意味着未来 10～20 年，我国劳动力人口比重会有很大的下降，我国劳动力的成本势必将进一步提升。国家统计局《2011 年我国人口总量及结构变化情况》也印证了这一趋势：2011 年，我国15～64 岁劳动年龄人口比重出现了 2002 年以来的首次下降。此外，随着大学入学率的提高，体力劳动者的比例下降，劳动密集型行业的工人工资还会进一步提高，甚至会超过一部分大学毕业生。

　　当前，一种比较流行的看法是，我国人口红利已经在逐渐消失。虽然有人认为，如果对中国的退休制度进行改革，人口红利还能多持续几年，但这也改变不了发展大趋势。

　　随着我国劳动报酬快速上升、劳动力低成本优势逐渐消失，我国部分订单开始向周边国家和地区转移。以往，外商企业看重的，是我国相对廉价的劳动力，但这些年部分日资、美资企业撤离珠三角地区的举动证实，相对于越南、马来西亚、巴基斯坦、印度等东南亚、南亚一些国家，我国正在逐渐失去廉价劳动力的优势。

环境代价巨大

我国是世界第一出口大国，但付出的环境代价也相当大。环保部曾做过我国出口贸易的环境逆差影响评价课题研究，通过评价贸易活动中的环境代价，定量分析我国出口贸易过程中环境逆差的影响。所谓环境逆差，说的是我国出口商品带走的环境容量，大于进口商品带进的环境容量，这种看法和人们的日常认知是一致的。

虽然精确量化我国出口贸易中的环境代价很难，但目前大家普遍认为，由于我国出口商品附加值比较低，出口产业处于全球价值链的中低端，大量廉价商品特别是高耗能高污染商品的出口对环境的影响和破坏非常大。以温室气体排放为例，随着我国温室气体排放总量不断增加，二氧化碳排放量在世界排放总量中的比重提高相当快。因此，我国确定了2020年全国单位国内生产总值二氧化碳排放比2005年下降40%~45%的目标，对环境保护的要求和压力将明显加大，我国环境容量将进一步变小，这会提高我国出口产业的成本，削弱我国出口的竞争力。

土地成本高企

这些年我国有不少出口企业从沿海向内地转移，甚至向海外转移，这其中的一个重要原因是沿海的土地供应日趋紧张，土地价格不断攀升。近年来我国东南沿海城市迅速发展，吸引了大量的投资，地价和房价大幅上涨。制造业企业本来用地就多，高昂的土地成本其无法承受。土地价格不断上涨，使我国出口企业面临很大困难。土地价格上涨，除了影响到房价之外，还影响到所有的生产成本和生活成本，包括工业用地、厂房租金、运营成本和生活成本等。以制鞋企业为例，我国制鞋企业很大一部分以出口为生，所以集中分布在东南沿海，比如浙江、福建、广东等地区，随着这些地方土地价格的上涨，有部分制鞋企业开始了向外转移。

从今后土地供给看，由于国家推行严格的建设用地规模控制和基本农田保护制度，以及土地招、拍、挂等供应方式的改革，土地交易价格还有可能继续攀升，这些都会对出口企业产生较大影响。

潮退了才知道谁在裸泳

2008 年出口企业倒闭潮的警示。在世界经济高速发展的时候，由于出口形势比较好，所以很多问题被掩盖了。当 2008 年金融危机到来时，我国的出口企业大面积倒闭，这暴露了我国严重依赖出口、产业附加值低、核心竞争力不强，特别是综合成本急剧上升、企业利润低下的问题。回过头来看 2008 年，我们发现出口企业倒闭的新闻报道很多：

"由于国际金融危机冲击，加上国外'双反'加剧，我国鞋类出口受到全面冲击，订单大幅减少，中国制鞋业遭遇'寒冬'，广东、福建、浙江等地制鞋企业出现了大面积的倒闭潮。"

"珠三角地区玩具代工企业不少已清盘关张，靠贴牌为生的出口企业日子越来越不好过，依靠廉价资源和单纯量的扩张的企业，在这次金融危机中受的打击最大。"

......

　　诸如种种的例子不胜枚举。在东部沿海特别是珠三角地区，一直有大量的出口企业，有大量的劳动力参与，出口了很多东西，一船一船的拉出去，很壮观很热闹。但是由于缺乏核心竞争力，没有销售渠道（控制在外国企业手中），也没有技术含量，仅仅依靠廉价的劳动力，赚点微薄的加工费。一些企业，患上了出口代工依赖症，懒得去开拓国际市场，懒得去搞研发，满足于拿国外的订单，然后招一些人来加工，赚点工人的血汗钱。尤其是近年来，随着我国劳动力、土地、环境等综合成本的快速攀升，我国部分企业利润变得越来越微薄，甚至零利润地支撑着。当金融危机来的时候，才发现抵御危机的能力却是如此之弱。

　　多年以来，我国一直在推动产业转型升级，这确实是很有必要的，尤其是 2008 年的金融危机更加强烈证实了结构调整的必要性。我国出口型加工企业特别是中小企业，缺乏自主创新，专利数量很少。因此，下一步我国产业发展、企业发展需要从主要依赖低成本优势和廉价资源，向依靠技术进步转变；由主要靠数量扩张，向靠提高效率和提高产品附加值转变。

第二节　代工时代暮将至

　　近年来，随着中国劳动力成本不断上升，珠三角等传统代工地区优势正在削弱，代工企业面临着洗牌，低附加值的出口企业生存更加困难。有人认为，随着中国劳动者素质和劳动生产率的提高，中国在全球分工中的地位必然相对提高，不可能永远都处在低端环节做世界的打工仔，"代工时代"可能终将逝去。

代工之王富士康

　　在中国"代工时代"，最为典型最具代表性的案例，非富士康莫属了。富士康是一家1974年在台湾注册的公司。当时在台湾发展不好，14年以后的1988年在深圳开了第一家电子公司，从此开始腾飞。2011年富士康出口额已连续9年雄踞大陆出口200强榜首，2013年跃居《财富》全球企业500强第30位。2011年富士康销售额为7070亿人民币（约1200亿美元）。这是一个什么概念呢？我国当年的出口总额19000亿美元，富士康出口额占我国出口总额的6.3%，也就是说，中国每出口100美元中就有6.3美元是富士康生产的。一家企业在中国这么大一个出口市场能占到6.3%，规模之大、份额之高是空前的。

这些年，富士康扩张速度很快，全国很多地方都有它的影子。从东部沿海的深圳、苏州，到中部的郑州，再到西部的成都、重庆、太原，全国大概有30多家企业，占地面积大概有33平方公里，富士康每到一个地方，基本上都向政府要政策，什么政策呢？就是要求当地设立一个出口加工区，设立一个综合保税区，为什么呢？因为在这些特殊区域里，视同"境内关外"，可以享有保税免税退税的优惠政策。从境外进入的货物全部都是保税的，从境内进入特殊区域的货物可以直接退税，从境外进口入区的生产设备又都全部免税。所以，尽管一年销售额有7000多亿元人民币，但是国家并没有得到多少实际税收。

那为什么各地还争着引进富士康呢？

首先，最主要的原因是解决地方就业。比如早期深圳的一家富士康工厂，大约吸纳40万人就业。这么多人基本上都是小姑娘小伙子，18～20岁左右，在不到两平方公里的空间里工作生活，压力可以想象有多大，生活有多单调多枯燥。河南郑州富士康工厂吸纳了约20万人就业，四川成都富士康工厂吸纳了约10万人就业。初步测算一下，富士康在大陆累计共吸纳150万人就业。

其次是追求出口业绩的驱动。近些年中部、西部部分省市的出口额，在全国下降的时候，它们却是成倍的增长，为什么会出现这种现象呢？原来是，富士康工厂投产了。由于这些中西部地区原来的出口额并不大，基数较低，富士康一投产，出口额马上就上来了，甚至实现翻番。国家没有多少税收，主要是因为做加工贸易，是保税的。但是，对于地方来说，拉动外贸出口的业绩还是很明显的，这也是地方比较看重的，尽管这业绩里面缺少附加值、技术含量的东西。解决就业，业绩好看，这是各地都希望富士康去投资设厂的主要原因，也是富士康这些年在大陆迅速扩张的重要原因。

像富士康这样的代工企业，是靠什么立足和发展的呢？这些企业的立命之本就是全球拿订单，只要手握订单，它们就能占据主动，就能立于不败之地。代工企业利润率普遍很薄，而且这些企业以从事劳动密集型产业，或高新技术产业的劳动密集型环节为主，所以它们对劳动力成本变化非常敏感，这也是富士康从东部地区向河南、重庆等中西部地区转移的主要原因。

一个大二男生在富士康"实习"的63天

近期富士康由于一则大二男生"实习"63天的新闻报道，再次引起了人们的广泛关注。据报道，今年陕西某高校大二学生，在暑假来临之时，被校方强制安排去山东烟台富士康"实习"。以下是那个"实习"了63天的男生"小陈"的日志：

8月6日：抵达富士康

1-7天：培训拿到两学分

8-14天：从一天50个到一天1000个

15-28天：夜班后狂睡一天

29-35天：感觉自己就像个"僵尸"

36－42 天：累得连工资都宁可不要

43－49 天：习惯了周六日不休息

50－63 天：中秋国庆之间的一场风波

10 月 9 日：离开富士康

如果"小陈"这些大学生不参加"实习"，就拿不到 6 个学分，进而会影响正常毕业。无奈之下，他们只好去富士康参加了"实习"，实际上是某种程度的廉价劳动力。由于"实习"与所学专业关系不大，很多学生认为浪费时间，对今后的职业发展没有多少帮助。这些大学生到了富士康工厂后，6 个人或者 8 个人住在一个宿舍，每天准时上下班，在流水线上做着规定的工序。小陈说，在富士康的日子，每天都感觉自己就像个"僵尸"一样，没有什么人说话，而且心理压力也很大，常常急得出汗。就这样，还经常被逼加班。

其实，陕西这所高校的大学生，并非第一批被强制安排到富士康工厂去"实习"的学生。在之前的几年里，山东、江苏等地也多次发生了大学生被强制安排到富士康"实习"的事情，并引发了很多纠纷。这不能不引起人们的反思。

由于我国劳动力成本不断上升，单纯依靠廉价劳动力拿国外订单的日子可能不会持续很久了，这既是国际产业转移的基本规律，也为近年来不少代工企业向越南等东南亚地区转移所证实。

第三节　成本候鸟东南飞

有些鸟类具有沿着纬度季节性迁徙的特性，夏天的时候在纬度较高（离赤道较远）的温带地区繁殖，冬天的时候在纬度较低（离赤道较近）的热带地区过冬。每年秋天这些鸟类从北方飞往南方，等到春天再从南方度冬地飞回北方。这些随着季节变化而南北迁徙的鸟儿叫作候鸟。候鸟为什么来回飞呢？根本原因是，为了在更好的环境中生存繁衍。很多企业也像候鸟一样，不断地从一个地方迁移到另一个地方。这种企业以劳动密集型的企业居多，主要是因为它们对成本变化非常敏感，就如候鸟对温度敏感一样，总是由成本高的地方迁移到成本低的地方。

耐克放弃中国

2008 年以来，大约有 30% 的鞋类订单从中国转走，转移到越南、印度尼西亚等东南亚国家。主打高端优质跑鞋的耐克公司就是其中一个典型的案例。

1964 年耐克公司的前身蓝缘带制鞋公司成立，并于 1972 年正式更名为耐克。70 年代，耐克公司在美国迅速发展壮大，并向劳动力成本较低的东亚地区扩展。80 年代，耐克公司在美国运动鞋市场份额就突破 50%。

耐克公司从 1999 年开始，使用电子数据交换方式与其供应商联系，直接下订单，并将交货期缩短至 3～4 个月。耐克公司要求供应布料的织布厂先到美国总公司上报新开发的布样，由设计师选择合适的布料设计为成衣款式后，再下单给成衣厂商生产；而且成衣厂商所使用的布料也必须是耐克公司认可的织布厂生产的。耐克公司没有自己的工厂，主要是设计出产品让代工企业生产，自己负责销售，"微笑曲线"的两端研发和营销均掌握在自己的手里。

2001 年耐克公司的鞋子，约 40% 由中国公司生产，由越南公司生产的只有 13%；到 2010 年，由中国公司生产的比例已经下降到了 34%，而越南公司生产的迅速上升到了 37%，第一次超越了中国，越南已经取代了中国占据耐克鞋订单第一的位置。

当时，耐克公司关闭在中国太仓的唯一一家代工工厂的原因，就是成本太高，特别是人工成本上涨过快。我们初步算了一下，2003—2013 年中国鞋类企业的工人工资增长了 3.5 倍左右。

沃尔玛南移北归

沃尔玛公司是 1962 年沃顿家族在美国注册成立的。2011 年沃尔玛销售额为 4080 亿美元，相当于当年我国出口额的 1/5 强。沃尔玛公司曾经连续 3 年位居全球 500 强首位，现在位居第三。沃尔玛发展扩张速度非常快。2012 年，沃尔玛在全球大约有 1 万家门店，雇用了 220 万人，是全球最大的零售商和最大的私人雇主。1996 年，沃尔玛进入中国，在 130 个城市开设了大约 370 家店铺。沃尔玛经营宗旨就是，致力于采购和销售世界上最便宜的东西。所以每一件商品，沃尔玛都努力做到最便宜，这个也是沃尔玛成功的一个关键秘诀。

2010 年，沃尔玛在中国的采购额为 2900 亿美元，占其全球采购额的 70%。所以，有人说沃尔玛公司有 70% 的中国因素。但是最近沃尔玛确实在进行订单转移，目前大约有 110 亿美元订单转移到了印度，并预计每年还将以 30% 的速度增长。同时，沃尔玛也正在回归美国，每年 500 亿美元的国内采购计划，连续执行10 年，以拯救美国、刺激美国经济。

还有一点最让人印象深刻的就是沃尔玛的股票，1972 年发行股票，当时股价是 4 美分，到今天股价是 76 美元，40 年增长了 1855 倍；从 1972—1999 年，市值增长了 4900 倍。所以，购买沃尔玛股票，才是真真正正的投资。中国的股票呢，自然无须多言，20 年一轮回，从起点又回到了原点。所以我们也不能怪中国老百姓投机，因为他们缺少投资的机会，我国真的需要有很多像沃尔玛这样优秀的企业上市，让老百姓共享经济发展的成果。

日本出口花落去

日本目前出口世界市场份额，与高峰时期相比，已经跌去了一多半，相对于其他国家来说日本出口已经衰落了。日本出口衰落的原因，可以说是"成也萧何败也萧何"，这个萧何就是指美国。

日本出口起飞，美国发挥了很大作用；日本出口衰退，同样也深受美国影响。日本在第二次世界大战后初期，出口和它的经济一样，都是在挣扎之中。但是朝鲜战争的爆发，改变了这一局面。朝鲜战争使得日本大发横财，600亿美元的订单把日本喂得饱饱的。美国大量购买日本的商品和劳务，占日本当时出口额的一半左右。日本丰田汽车由于美国军用卡车订单，在1951年就恢复到了第二次世界大战前的水平。松下电器为了满足美国需求，而日夜开工生产。借助战争大发横财，日本钢铁、机械、造船等产业迅速发展，大量产品出口。日本国内市场规模较小，商品严重依赖出口，日本政府适时提出了"贸易立国"的口号，出口贸易迅速增长。

但是，随着日本出口的迅速发展，特别是高端产品的快速发展，挤占了美国的市场份额，赚了美国人太多的钱，然后去并购美国的公司，到处买美国的房地产，有要买下整个美国的气势。这样，美国人坐不住了，联合几个西方大国弄了一个广场协议，压迫日元大幅度升值，搞的日本元气大伤，几十年一蹶不振。

日本出口"无可奈何花落去"的根本原因，还是"似曾相识雁飞走"。日本过去出口高速增长的一个重要原因，是承接了美国产业的转移。随着成本优势的削弱，日本很多产业转移到了中国、东南亚等国家和地区。日本曾经幻想所谓的"雁行模式"，日本当头，别人都跟着它跑，给它当产业链下游，给它配套。它赚大钱，别人赚小钱。近年来，日本出口的支柱——制造业衰落的趋势愈加明显。2008 年全球金融危机的冲击，使得日本制造业出现大面积的亏损，但日本制造业衰落的本质，还是竞争优势的丧失。在产业链的低端，它竞争不过中国、东盟，这些产业只好转移出去。在产业链的高端，它又竞争不过美国，美国科技创新水平远超日本。日本制造业的代表企业——索尼、夏普、松下都接连出现亏损。2011 年，日本出现 21 世纪以来的首次出口下降和三十多年来的首次逆差，2012 年日本出口继续下降和逆差。

　　日本制造业的亏损、出口的下滑，深层次的原因是日本在新一轮国际竞争，特别是高新技术领域的国际竞争中落伍了，日本没有能够顺应时代潮流，加快自身发展。除此之外，日本在出口战略上也有较大问题。日本出口市场过分集中，严重依赖欧美市场。2008 年金融危机后，欧美市场需求大大降低，对日本影响很大。

成本候鸟迁徙路线图

　　为了说明候鸟成本迁徙情况，我们对第二次世界大战后国际产业转移问题进行简单梳理。

　　第一次国际产业转移，发生在 20 世纪 50～60 年代，从美国转向西德和日本。美国是资本主义国家中最大的第二次世界大战获益者，在战争中英法受到很大损失，德日战败了，只有美国获得了很大的好处，借机迅速发展起来，在战后初期已成为资本主义国家的绝对领导者。20 世纪 50 年代，随着美国人工成本的快速上升，美国重点发展资本和技术密集型的产业，将纺织、钢铁等传统产业转移到西德和日本。西德、日本通过承接美国转移过来的产业，重新开始了工业化进程，极大地提高了产业实力和出口竞争力。

第二次产业转移，发生在20世纪70~80年代，从美国、日本转向东亚"四小龙"。美国、日本致力于发展汽车、机械等出口导向型资本密集工业，以及电子、航天等部分高附加值技术、资本密集型产业，把纺织、服装等劳动密集型产业和一些高耗能、高污染的重化工业，转移到亚洲"四小龙"和部分拉美国家。这其中，1985年"广场协议"导致的日元升值，极大增加了出口成本，降低了出口竞争力，对日本产业转移的影响最大，不仅转移了很多劳动密集型产业，还把汽车、电子等资本、技术密集型产业转移到东亚地区，日本所谓的"雁行模式"就流行于这一时期。

第三次产业转移，发生在20世纪90年代，迄今尚未结束。这次产业转移的起源地，有日本、美国、"亚洲四小龙"，承接地有中国大陆和东盟，其中最主要的是中国大陆。研究"亚洲四小龙"向中国转移产业，能更清晰地看到成本因素在产业转移中发挥的主导作用。中国香港、中国台湾、新加坡、韩国等地，本来靠承接美国、日本的产业转移而腾飞起来。但随着它们经济的发展，生产要素成本的急剧上升，使得它们将承接来的产业进一步转移给中国大陆和东盟国家。在这一阶段，我国取得了"世界工厂"的地位，向世界出口大量的商品。

分析国际产业转移的深层次原因，我们发现，最根本的还是资本在追逐利润，资本流向那些能够创造更多利润的地方，也即成本更低的地方。所以说，一部国际产业转移的历史，也就是成本候鸟迁移的路线图。

第四章 Chapter Four

....

中国制造质量好

    中国制造为什么能够享誉全球，走进世界每一个角落？这些年来，我国出口一直保持高速增长，出口商品合格率非常高。比如说食品出口，合格率一般能达到 99.99%。从出口结构看，我国劳动密集型产品出口比重不断下降，资金技术密集型产品出口比重不断上升。随着出口结构不断优化，中国制造质量也在不断提高。2013 年国务院决定今后原则上不再对工业品进行出口法检，其中一个重要原因，就是我国出口产品质量是过硬的，是经得起检验的。

第一节　小商品称霸全球

我国出口的商品，尤其是出口到发达国家的商品，质量要求很严格，是要经受得起人家严格的检验要求的，如果达不到标准就根本没办法出口，而且一旦出了质量问题，以后就拿不到订单了。所以，我国出口到发达国家的产品质量还是很有保障的，出口到发展中国家比如非洲国家的商品，有些由于价格很低，质量相对差一点，但是和同等价位的其他国家商品相比，我们的商品质量还是过硬的，我国商品能够占据国际市场就是最好的说明。

漫游全球的小黄鸭

最近一段时间，有一只很火的大黄鸭，先是在香港，吸引了很多人去看。然后它又来到了北京的园博湖（永定河），引得更多的人去观赏。电视新闻里说，不少人从天津、山东等地专程跑到北京来，就是为了一睹大黄鸭的"风采"。园博园里，每走三两步，就能听到游人说"大黄鸭在哪里"、"先去看大黄鸭吧"。为方便游客，园博园管理方干脆开设了"大黄鸭专线"。真有点"游人不看大黄鸭，便去园博也枉然"的意思。玉渊潭也不甘寂寞，在湖里放了一只穿着绿马甲的大黄鸭，还有6只绿鸭蛋，美其名曰"黄鸭也有绿梦想"。

在大黄鸭成名前的好多年，就有一群中国"小黄鸭"漫游全球，留下了潇洒的身影，引起了很多人的关注。1992 年，有一艘货轮从中国开往美国，由于在航海途中突遭暴风雨袭击，船上的一个集装箱被打破，里面有上万只小黄鸭玩具掉入海中，从此开始了长达十几年的海上漂游。它们历经风雨，顺着洋流，有时沿着海岸漂浮，有时在岛屿之间穿过，1995 年到达白令海峡，2000 年到达冰岛，2003 年到了美国东海岸。有人在欧洲的海边见过这些小黄鸭，有人在北大西洋"泰坦尼克"号沉没的地方见过它们，还有人在太平洋的夏威夷见过它们。美国西雅图有一位退休的海洋学家，曾专门追踪过这些鸭子的情况，以研究洋流和季风的运动情况。据说到了 2006—2007 年的时候，这些小黄鸭还在海上漂移，并经过了英国的西海岸。

当这些小黄鸭在海上漂流了十几年，被人们发现的时候，有不少还没有完全破损，个别的虽然都已经被海水漂白了，但还保持基本完整。在我们羡慕这些小黄鸭全球历险的旅游和感慨它们顽强的生命力之余，也不禁想道：中国小商品，质量真不错！

我国出口商品成功秘诀，是从小商品做起来的。因为一开始参与国际竞争的时候，我们还没有形成竞争力，生产不出来那些高端的东西。我们就从一针一线做起，从打火机、袜子、扣子做起，一点一点积累，一点一点进步，终于做到了世界出口第一大国的地位，今天世界市场每 100 美元的商品就有 11 美元是我国出口的。可以说，小商品对我国出口的发展功不可没。经过这么多年的发展，我国的小商品在全世界已经是举足轻重了。

义乌：中国小商品给世界做标准

在浙江中部，有一个县级市，不是沿海地区，离大海很远，四周是茫茫大山，过去交通也不发达。但是就是这么一个县级市，2012 年的外贸进出口接近 100 亿美元，其中出口 90 亿美元。在这个城市里，世界各国的商人云集，颇有点我们唐朝时期长安的味道。既有美国的商人来洽谈业务，也有中东、非洲或其他国家的生意人常住于此。在这里，外国人与当地居民一起挤公交车很普遍，异国的餐馆并不鲜见，西餐厅自不必说，想要品尝阿拉伯的风味也很方便，喜欢吃咖喱的朋友也有印度餐馆可以去。不少出租车司机还会几种简单的外语，以方便招揽客户。这个神奇的城市叫作义乌。

义乌是靠做小商品起家的，著名的"鸡毛换糖"的故事就发生在这里。过去义乌人走乡串户，用糖、草纸等低廉物品，换取居民家里的鸡毛等废品获取微利。"鸡毛换糖"为义乌人积累了原始资本，培养了一批有市场竞争头脑和能力的商人，更凝聚了一种勇于开拓、不断进取的精神。靠着这种"鸡毛换糖"的精神，今天义乌的商品，比如鞋帽伞、箱包、毛毯、美容美发用品、工艺礼品、饰品、餐厨具、办公文具等，已经遍布了世界各地的每一个角落。

更难能可贵的是，义乌商品并不只是廉价货，由于多年的发展，形成了规模，市场细分也做到了极致。以圣诞老人为例，在义乌可以买到各种各样的圣诞老人，据说不同造型、不同尺寸的圣诞老人有上千种。有吹萨克斯、爬烟囱的圣诞老人，也有站、坐、倒立式的圣诞老人，也有身着各国服饰的圣诞老人。可以说，凡是你能想到的，在这里都能买到。义乌小商品批发市场是一个开放、低成本、全球共享的商贸平台，交易规模巨大、配套服务完善、市场运行规范、商业信用良好，节约买卖双方的交易成本，吸引了来自世界一百多个国家和地区的几万外商常驻于此从事采购活动，沃尔玛、家乐福等二十多家跨国零售集团常年在这里采购商品。

　　义乌的小商品质量非常好，就连一向以挑剔和严格著称的德国人都对义乌小商品赞不绝口，认为产品品质丝毫不比德国货逊色。美国、阿联酋、西班牙、德国等国，是义乌商品前几大出口目的地。正是有了高品质做保障，有了这种底气，义乌正在给小商品"做规矩"，向世界输出小商品的标准。

　　2006 年 10 月，商务部与浙江省义乌市政府共同主办的"义乌·中国小商品指数"正式向全球发布，开创了全球集贸市场编制指数的先河。义乌市专门成立了义乌指数编制办公室，以确保"义乌·中国小商品指数"的可靠性和权威性。每个星期二和每月第一天，义乌都会按时发布上周（月）的"义乌·中国小商品指数"，这些指数是由 200 名信息采集员，到义乌国际商贸城中对 5000 多个商位的 6000 多种代表性商品进行采样，然后经过汇总整理得来的。"义乌·中国小商品指数"逐渐成为世界的焦点，成为全球小商品采购的风向标。2008 年 7 月，由商务部立项、义乌市起草的《小商品分类与代码》正式发布。有评论认为，《小商品分类与代码》的正式实施，标志着义乌乃至中国实现了从输出商品到输出标准和规则的飞跃。

　　2011 年 3 月，国务院批复同意在义乌开展国际贸易综合改革试点，给义乌插上了发展腾飞的翅膀，这必将进一步提升我国对全球小商品贸易的影响力。

第二节　大商品正在雄起

　　前些年有一个报道，说非洲有个国家 80% 的商品都是中国出口的，琳琅满目，价廉物美。有一次，中国考察团去这个国家考察，团员很骄傲，向人家夸耀中国制造的产品好。人家问了一句："中国制造这么好，为什么我们在街上没有看到中国的汽车呢?"一下子就把团员给问住了。的确,我国出口的小商品数量众多,品种齐全,在国外市场占有率非常高,但是"大商品",比如涉及生命安全的汽车、飞机,以及关系到信息稳定和安全的高技术产品,由于我们起步比西方国家晚,所以过去在世界市场上确实不多见。但是经过这么多年的努力,情况也有所改变,我国出口商品的质量和档次也在不断上升,大商品也在逐渐走上世界舞台。

我国自主品牌的小轿车已开始出口德国、意大利等国,表明我国汽车的技术性能和安全性能,已接近或达到国际高端市场要求。太阳能电池出口异军突起,发展迅猛,抢占了绿色能源发展的国际制高点。

电信设备出口已形成国际竞争优势,我国电信设备出口从20世纪90年代末期起步,现在以华为、中兴等为代表的中国电信设备制造企业,已发展成为居世界前列的跨国企业集团,产品已遍布世界一百多个国家,并已进入跨国公司长期占据的欧美高端市场,而且自主创新能力迅速提高,在众多核心技术领域逐步从跟随者转变为行业领导者。

交通工具出口也实现了历史性飞跃,汽车出口快速发展,不但出口额连续上升,汽车整车单价也在不断增长,走上良性发展的道路,出口市场则由发展中国家开始向发达国家迈进;我国凭借配套能力强、劳动力成本低、制造业体系完备等综合竞争优势,以加工贸易方式逐步承接世界造船业转移,船舶出口也实现了腾飞,成为世界第一大船舶出口国。

机械设备出口稳定增长,工程机械及零部件、农用机械等出口增长较快。我国工程机械制造业经过引进消化和再创新,已培育了产业链,经济规模和成本优势比较明显,核心竞争力基本形成。我国自主品牌的工程机械企业积极实行国际化战略。值得一提的是，近几年由于欧洲债务危机，不少技术比较先进的欧洲机械行业企业或者经营遇到困难，或者市值大幅缩水，我国有关企业抓住良机展开并购，有利于提升我国装备制造业的水平，进而提高我国出口的水平。

华为：世界信息技术有中国一席之地

美国是世界信息科技革命的发源地，美国信息科技领域长期领先全球，思科公司的产品多年称霸电信市场。中国计算机专业和通信专业的大学毕业生对思科趋之若鹜的场面仿佛还在昨天，我们却看到了美国对我国华为公司产品设置种种障碍，以国家安全为由阻挠华为进入。这折射出什么呢？原来，大名鼎鼎的思科已经明显感受到来自华为公司的竞争压力了，即使在美国本土进行竞争，也要依靠政治手段设置障碍了。现在，我国在全球有竞争力的不光是小商品，像高端电信设备我们一样"立得住"。

1988 年华为创立的时候，只是一家注册资金 2 万元的小公司，很不起眼，没有多少人注意。但是不知不觉间，华为已经崛起成为中国通信行业的老大，并且全世界都有着举足轻重的地位。1996 年华为开始进入国际市场，刚开始主要选择俄罗斯、南美这些市场，不与国际通信业巨头正面交锋。2000 年之后，华为进入泰国、新加坡、马来西亚等东南亚市场，以及中东、非洲等区域市场。2001 年开始，华为进入发达国家市场，通过与当地著名代理商合作的方式，开拓德国、法国、西班牙、英国等市场。

华为采取的这种先易后难的方式，取得了明显的成功。1999年，华为海外销售额 5000 万美元，2000 年就翻了一番多，2001年 3.3 亿美元，2002 年 5.5 亿美元，2003 年突破 10 亿美元大关，2011 年突破 200 亿美元，只用了短短 12 年就翻了 400 倍。华为产品的全球市场业绩骄人，交换机、智能网用户、下一代网络出货量都是世界第一，宽带产品、综合接入产品、光网络产品也都是世界前几名。

华为了不起，不仅是因为华为海外市场销售收入不断增长，更重要的是华为出口的所有产品都是自主品牌高科技产品，代表着中国品牌、中国技术。在这个行业，没有技术，没法立足，所以华为从一开始就非常重视自主研发。华为在公司发展的起步阶段，就把获得的利润的大部分都投到研发上，一点一点地提高自己的研发能力。华为重视人才，大批量的吸纳计算机、通信专业的大学毕业生，每年招收几千人。华为通过完善的薪酬体系和股权制度设计，留住优秀的人才。这一切，都使得华为在技术上不断突破，从追随者变成引领者。华为还在不断开拓，不满足于原有的成功。在电信设备领域取得巨大成就的同时，华为于2011年开始打造手机自主品牌，计划在2015年左右成长为全球前三大手机厂商。

这几年，美国、欧洲对华为设置了不少障碍，美国认定华为有可能会威胁到美国国家安全，欧洲要求华为将出口价格提高三成左右。这也充分证明了我国企业在不断发展壮大，我国大商品也正在世界舞台雄起。

华为，了不起！华为，为中国点燃新希望。

汽车：中国自主品牌出口渐成气候

以前在海外市场上，很少能看到中国汽车。因为汽车这个东西，对质量要求非常高，来不得半点马虎。好多年前，我国汽车出口到欧洲某个国家，这个国家有人在大街上开车撞我们的汽车，美其名曰"碰撞试验"，结果我们的车被撞得稀巴烂。吃一堑长一智，我们在这方面，也是一点一点在进步。到了2012年，我国出口汽车100万辆左右，其中以一般贸易方式出口的占

92.9%。从出口市场看，对非洲出口最多，达到 25 万辆，其中对阿尔及利亚一个国家出口就有 14.9 万辆。对伊拉克、俄罗斯出口各有 9 万辆。看来，也有点"华为路线"的意思，先从发展中国家和新兴市场国家着手，再谋求进一步发展。

现在我国汽车产品出口在世界汽车贸易总量中尚不足 2%，和我国出口商品 11% 的市场份额相比，汽车出口仍然有非常大的发展空间和潜力。目前，我国汽车企业实力正在逐渐增强，江淮、一汽、奇瑞等汽车品牌正在走出国门。随着研发实力的提高和国外市场的打开，我国自主品牌汽车出口将会有更美好的明天。

并购欧企正当时

我国出口额很大，但总体技术含量却不高。如果我们把德国人严谨的做事态度，精湛的技术学到手，那么我国产业发展就会上台阶，我国出口水平就会进一步提高。

近年来，我国一些企业抓住世界经济深度调整的机会，积极收购欧洲特别是德国的企业，比较著名的例子有 2012 年三一重工收购全球混凝土泵第一品牌，号称《德国大象》的普茨迈斯特。普茨迈斯特创建于 20 世纪 50 年代，主要生产混凝土泵车和拖车。其中，泵车销售体系覆盖全球，占中国之外市场的 40%。三一重工成功收购普茨迈斯特，奠定了在全球砼机械行业的绝对领导地位，并且帮助三一重工成为世界级品牌，一举实现了国际化。三一重工能够买下普茨迈斯特，也是抓住了难得的历史机遇。

由此可见，一方面要求我国企业要积极寻找国际并购机会，特别是购买德国这种技术先进国家的老牌企业，迅速提升我国的产业竞争力和出口实力。另一方面，也要求我国政府为企业"走出去"开展并购创造更加有利的环境。

除了三一重工外，我国还有不少企业，特别是机械行业的企业，成功收购了欧洲企业。例如，2012 年潍柴集团获得凯傲集团25% 的股权和林德液压 70% 的股权，这是当时中国企业在德国最大的并购案例。这种并购，是提升我国装备制造业乃至整个工业水平的好路径，也能够提高我国出口的技术含量和附加值。

第五章 Chapter Five

中国制造价格低

　　这些年，中国出口补贴全球，又遭遇了怎样的反倾销？过去这些年我国出口商品价格非常低廉，到什么程度呢？可以说，已经到了便宜得没法再便宜的地步了。以下几组数字就是最好的例证。2011 年，我国出口服装 117 亿件，平均每件价格只有 3.5 美元；我国出口鞋 100 亿双，全球平均每人近 2 双鞋，每双出口价格平均才 2.5 美元。有人说，美国一架波音飞机，可以换回中国 2 亿件衬衫，或者 8 亿双袜子。我国出口靠拼数量的时期，早该结束了。

第一节　货在国外价更廉

中国出口价低廉

外国人说起中国商品，可能首先想到的就是便宜。确实在世界各地，包括在发达国家，中国制造的便宜商品是很多人特别是中低收入者的首选。比如在日本，由于日本连续多年的经济萧条，居民的收入水平相对下降了很多，那么中国商品就对这些人来说比较受用。在中东地区，如迪拜、埃及，中国出口的各种各样价格实惠的商品，在中低收入者经常光顾的市场中随处可见。在这些地方，甚至有专门销售中国商品的"龙城"或者"中国城"，商品不但可以满足当地需要，还可以让一些人批发到别的地方去卖，这让当地一些居民也通过转卖中国商品就了业，赚了钱。在美欧也同样如此，生活用品、玩具、圣诞礼品等各种常见来自中国的商品，也都是当地居民的最爱，如果不买中国制造的商品，那就要花更多的银子，生活成本支出就会大幅攀升。

过去一提起"便宜"，很多人就自然想到"质次"，毕竟一分钱一分货。过去可能是这样，我国出口到国外的低价商品，质量可能不是很过硬，但是现在情况已有了很大的变化，我国出口产品的质量有了很大提高，但是价格依然很便宜。很多出过国买过东西的朋友，对此印象很深。而且我国廉价商品出口到国外，对当地也是一种福利改善。在越南、柬埔寨，人们使用着中国出口的便宜的摩托车，出行更加方便了。我国便宜的商品出口到世界，造福了各国人民，改善了商品结构，满足了不同层次的消费需求，可以说这是我国对世界的一大贡献。

现在网上有不少议论，说中国出口什么什么就便宜，进口什么什么就涨价。就像80后常说的，"当我们读小学的时候，读大学不要钱；当我们读大学的时候，读小学不要钱。"我国出口也有这种现象，以前我国出口初级产品、进口工业品的时候，初级产品便宜、工业品贵；现在到我国出口工业品了，结果工业品很便宜。真有点像买股票运气不佳，买猪羊涨价，买羊猪涨价。

对于我国出口商品便宜这个现象，应该客观地去看，因为造成这个问题的原因有很多，而且便宜出口也是有弊有利。

一个是我国产品成本确实低而且产量很大。商品便宜的一般原因，一般都是成本比较低。我国出口的很多劳动密集型产品，劳动力成本理所当然地占很大比重。由于我国劳动力众多，产业工人有几亿，所以我国出口的这些劳动密集型产品确实便宜，而且出口量非常大。出口量这么大，竞争非常充分，价格就不可能太高。除了劳动密集型产品之外，我国出口的一些技术和资本密集型产品，由于我国的工业体系比较完整齐全，配套比较好，出口量也很大，也相对便宜。总体来说，成本低是我国发挥了比较优势的结果，是我国参与国际分工的基础，是我国的竞争优势。从这一点来说，价格低并不是什么坏事。

再一个是我国的"品牌"还没建立起来。近代以来，西方在世界体系中处于一个中心位置，形成了文化强势。而中国，由于1840年以来落后挨打，屡屡受挫，虽然新中国成立以来特别是改革开放以来我国取得了伟大的成就，中华民族已经巍然屹立在世界的东方，但是还有不少人的心理没有转变过来，对于品牌而言，他们总认为是西方的好。一个包包，如果是我国浙江的一个工厂生产的，可能只值几十块钱。现在把同样的包包，送到巴黎去，变成 LV 自己推出的，立马就能卖成千上万块。现在西方的一些高档消费品商店里，黑压压的全是中国人，他们买的东西真的就是什么好东西吗？恐怕不见得，这些东西未必就有中国人自己生产的好。我国出口的商品之所以便宜，某种程度在这方面吃了亏。改变这种情况可能还要经过很多年的努力，到了中华民族伟大复兴的那一天，我们相信就会大不一样了。

一个美国家庭的历险记

有一个美国女记者，在 2004 年的圣诞节忽然发现，家里的东西都是中国制造的。于是她突发奇想，如果不用中国的商品会怎么样呢？为此，她说服全家进行一年没有中国商品的"历险"。最终她发现了什么呢？又得到了什么呢？

要花更多的钱。不用廉价的中国商品，就要购买美国自己生产的商品，或者其他国家的替代品，结果需要支出更多的银子。

生活不方便。不用品种丰富齐全的中国商品，去寻找替代品的过程往往耗时耗力，有时候开着车子到处转，油烧了不少，东西却根本买不着。

家庭关系出现问题。离开了中国生产的各种各样可爱的、有创意的玩具，作者发现自己取悦不了自己的小儿子。

……

一年的"历险"，让作者明白：要想使生活不变得更糟糕，还是不能抵制中国商品。后来这个故事被写成了一本书，叫作《没有中国制造的日子——一个美国家庭的生活历险》。书中把不用中国商品称作是"历险"，可见，中国商品威力之大，不用中国商品的代价之大。

最近这些年来，情况也发生了一些变化，非中国制造的商品在发达国家也开始不断增多，似乎有与中国商品一较高低之势，中国制造面临新的挑战。那么，出现这些新情况新挑战的原因，主要是中国制造成本连年攀升，而成本恰恰是影响出口最明显、最重要的因素。

这些年随着越来越多中国人走出国门，一个现象也受到了越来越广泛的关注：我国生产并出口到国外的商品比在国内销售的同样商品价格要更低。不少中国人到了国外，发现商场里同样"Made in China"的东西，特别是箱包、衣服等，价格要比国内低很多。比如，有人在美国波士顿买了一件某品牌的羽绒服，售价69美元，折合人民币约470元。但同样的衣服在北京王府井商场却要卖1000元，高出1倍还多。于是就出现这样一种现象，很多中国人千里迢迢跑到外国，买了很多中国生产制造的东西，再千里迢迢运回国内。有的还托亲帮友的，大包小包往国内带。

为何国外价更廉？

为什么中国出口到国外的商品卖得比在国内更便宜呢？

第一个也是非常重要的原因是商品定价权。有相当一部分商品，是跨国公司在中国生产的。为了获取最大的利润，这些跨国公司往往在不同的市场采取不同的定价策略，在美国销售的商品可能价格定得比较低，而在中国却定很高的价格。对于这种现象，中国消费者无法改变，只能被动接受。由于是市场行为，政府也无能为力。所以，跨国公司在美国销售的商品可能获得一般利润或平均利润，而在中国却获得了超额利润。

第二个原因是交易成本不同，有的商品成本可能确实有所不同。比如运输费用，有人测算，同样的货物，从广东运到美国成本比广东运到北京还要低，因为海上运输的费用要低于陆路运输，一个是大船运，另一个是火车运或汽车运，单个产品的成本负担要差不少。以汽车运输为例，过桥费、过路费居高不下，我国物流成本占国内生产总值的比重远高于美国等西方国家。再如店租摊位费。这些年我们房价高涨，店租费用上涨很多。很多商品进了商场，要交各种各样的费用，商品销售之后，商场还要收取很高比例的提成。这种种费用最后都要转嫁给消费者。

第三个原因是部分中国人的消费心理还不理性、不成熟，一味求"洋"、求奢侈，存在盲目攀比现象。所以一些在美国定价不高的商品，在中国定了很高的价格也有人买，甚至越贵越买。打个不甚恰当的比方，麦当劳、肯德基在美国，就和我们的煎饼果子铺一样，到处都是，是大众消费。可是它们刚进中国的时候，搞得很"洋气"，很"高端"，我们很多小朋友过生日，爸爸妈妈都把小朋友和小伙伴们带到麦当劳、肯德基去，戴个小帽子，唱着"happy birthday to you"，整个店里都洋溢着节日的气氛。我们不妨设想一下，纽约开了一家煎饼果子摊，美国的爸爸妈妈把过生日的小朋友们带去，围着煎饼果子摊又唱又笑又蹦又跳，这是一种什么场面呢？现在好多商品也是如此，比如中国制造的苹果产品，在美国走的是大众消费路线，可在中国一开始走的就是高端路线，年轻人都趋之若鹜，拥有个苹果成了"身份"的象征。当然现在苹果已经成了街机了，但是别的很多商品（特别是由中国代工生产的西方品牌的商品）还有这种市场定位不同的情况。在西方国家销售的一些普通货，不少中国人却当作是好东西，觉得很"洋气"。这也是西方人的销售策略和广告推销的结果，谁让你觉得西方的东西就"洋气"就"时尚"呢，那结果就是你得花更多的钱买。

第二节　中国货补贴全球

补贴全球做贡献

中国廉价商品出口全球，实质是补贴了全球的消费者。早在2005年的时候，美国经济学家斯蒂芬·罗奇就写过一篇文章《我们为什么要感谢中国》，认为世界特别是美国应该感谢中国出口。他说，美国的消费者从美中贸易中得益最多。美国从中国购买了几千亿美元价廉物美的商品，这有助于美国控制通货膨胀，而低通货膨胀率为就业机会短缺、收入受限制的美国消费者提供了意外的购买力，仅中国出口的服装就给美国人省了几亿美元。

最近几年，"中国价格补贴全球消费者"的说法在媒体上出现得更多了。应该说，中国货补贴全球的这种看法还是有一定道理的，它揭示了中国出口商品给各国消费者带来福利的事实，廉价意味着压缩了我国出口商品的利润，而将这一部分的福利转移给了国外消费者。中国制造出口的商品，除了包含较低的劳动力成本外，往往还包含着很低的资源环境成本。如果在西方生产同样的商品，价格会高出很多。当然，中国货给各国消费者带来福利的同时，有时候我国的利益也遭受了一定的损失。

稀土卖出白菜价

大家都知道，小平同志说过，"中东有石油，中国有稀土。"可是现在中东石油价格多年来处于高位，而我国的稀土却像白菜一样廉价出口，没有反映出自身的巨大价值。

全世界稀土资源并不稀缺，但是分布不均衡，主要集中在中国、美国、印度、加拿大等国。其中以我国的储量最为丰富，在总储量、产量、出口量和应用量四个方面都是世界第一，而且品种齐全、品位较高、分布合理。我国稀土资源在北方以轻稀土为主，集中在内蒙古等地；南方以重稀土为主，集中在江西等地。

稀土资源战略意义十分重要，在能源、信息、环保、保健、农业和国防等各方面都有广泛和重要的应用，被称为工业的"味精"。但很长时间里，我国没有重视稀土的作用，把大量的稀土以低廉的价格出口，以至于一些国家如日本大量进口中国稀土作为战略资源储存起来。20 世纪 90 年代中期以后的十多年里，我国稀土大量廉价出口西方国家的现象十分严重，1995—2005 年中国稀土出口价格平均下降 40% 以上，仅日本囤积的稀土原料和半成品就足可以供其使用 20 年。自身没有一两稀土资源可开采的日本，却对全球多种稀土产品定价有很大的话语权。稀土在军事上也有着非常重要的应用，近年来我国每次要求欧盟解除对我国军售禁令，日本都会派出官员甚至首相亲自出马去欧洲再三阻挠，鼓吹中国威胁论，但是我国对日本的稀土出口却没有任何障碍，而且像白菜一样以极其低廉价格卖给他们，这不能不引起我们的反思。

客观地说，我国稀土之所以卖得那么便宜，还不能光怪外国人打压，首先要检讨我们自己。我国的一些稀土生产商和出口商只管眼前利益、不管长远利益，只管个人利益、不顾国家利益，盲目开采、集中出口、恶性竞争，是导致我国稀土出口价格低廉的首要原因。自 20 世纪 80 年代起，我国就开始大规模开采、加工稀土，很多企业都涌入这个行业，违规生产经营，对外出口搞低价竞争。除此之外，稀土走私现象也很严重，据媒体报道，稀土走私量最高时曾接近出口量的 1/3。还有，稀土是一种资源型产品，稀土的开采需要消耗大量的水，同时对环境的破坏也很大，但我国出口的稀土价格中却没有包含一分一毫的环境成本。

稀土的廉价出口不符合我国发展利益，因此有必要通过种种手段扭转这种局面。

第一，要加强稀土开采加工整合力度。有关部门和地方在这方面做了不少努力，但是目前看来进展的情况还不是很令人满意。特别是不同的市场主体具有自己的利益倾向，各有算盘，让它们自我约束，少开采，不进行恶性价格竞争，也很难做到。所以有必要理顺稀土的开采权，从源头做起，在北方和南方各允许1~2家的大企业集团进行开采、加工和出口，这样才能提高我国稀土出口谈判地位。

第二，要充分发挥稀土作为战略资源的作用。稀土是工业"味精"，是军事工业不可缺少的原料，不少国家对我国高新技术产品出口设置限制，对我国军售设置限制，却大量低价进口我国稀土产品，用于高新技术产品和军备品生产。我们不能把稀土当作一般的产品，而应努力把它作为谈判筹码，来换取对我国有利的技术和产品。

第三，要努力提高我国稀土加工业的水平。我们简单地把稀土原料出口到国外，和进行精加工再出口到国外，价格相差非常悬殊。提高我稀土加工行业的技术研发水平和生产制造能力，既有利于获取更多的出口收益，也有利于我们掌握和控制稀土加工技术，从而在这个行业中处于更有利的位置。

第三节 贸易摩擦渐增多

这些年，随着我国出口快速增长，我们遭遇的贸易摩擦越来越多了，以前我们从教科书上看到的美欧日贸易摩擦的典型案例慢慢地发生在我们身上了。贸易摩擦说到底，还是由于经济发展的不平衡和利益的不一致导致的。所以，近十年来国际经济发展不平衡加剧，全球贸易摩擦数量也随之大幅上升。受国际贸易保护主义倾向抬头、国际竞争日趋激烈等因素的影响，我国已进入贸易摩擦高发期，摩擦形势日趋复杂。

我国遭遇的贸易摩擦有以下主要特点：一是涉案产品范围不断扩大，而且主要集中在轻工、纺织、机电等我国具有竞争优势的劳动密集型产品。二是在我国与发达国家贸易摩擦不断增多的同时，与发展中国家的贸易摩擦也呈扩大化趋势。近年来，全球范围内贸易争端与摩擦不断升温，我国成为各方施压的主要目标。不仅美欧频频发起"贸易战"，一些新兴经济体也动作不断。三是从贸易保护手段看，反倾销仍是对我国使用最多的贸易救济手段。此外，发达国家同时还利用技术贸易壁垒、技术标准、检验检疫等非关税壁垒和手段，限制我国产品出口。四是贸易摩擦逐步由货物贸易领域扩展到服务贸易、投资、知识产权等多个领域，由企业微观层面向宏观体制层面延伸。

据统计，2012年我国共遭遇21个国家发起的77起贸易救济调查，涉案金额高达277亿美元，比前一年增长369%。目前世界所有的反补贴措施中，一半以上针对中国。美国的反补贴措施，有70%针对中国。

我国遭遇了这么多贸易摩擦，客观上看也有我们自身的原因。我国部分出口企业为了争抢订单，拼命压低价格，出口企业之间同质化问题严重，盲目生产，恶性竞争，这些导致我们出口价格低廉、效益不高，自己也没捞到什么好处，还在国际上落下不好的形象。

当然，发生了贸易摩擦，这是难免的，也不用过于担心，因为我国的出口已经具有很强的竞争力，我们的综合国力在不断提高，我们还有着巨大的市场，这样任何国家和地区想和我们打贸易战，都要再三掂量。

火烧中国鞋城

我国产品出口不仅价格低廉，而且很集中。大家还记得2004年西班牙火烧华人鞋城事件。虽然主要是当地居民的问题，但我们也应该深思。在西班牙一个叫埃尔切市的地方，那个地方本来是一个鞋都，人家本来也是靠鞋子维持生计的。但是中国人一去，当地鞋商经营不过我们，当地鞋厂都倒闭了。所以当地居民对华人意见非常大，把华人鞋城烧得非常厉害，当然西班牙是法治国家，后来也对华人的损失进行了赔偿。

当地现在怎么样了呢？在埃尔切市的郊区，一个叫作卡鲁斯的地方，又形成了一个鞋子集散地，90%的经营户来自中国温州。这一集散地不仅往西班牙批发中国鞋类，法国、英国、意大利等国家的鞋都在这里销售，都从这里批发，生意兴隆一片和谐景象。为什么能和谐相处呢？一方面，中国商人开始雇用当地员工、回馈社会。另一方面，实施差异化经营策略，避开了竞争。中国商人经营低端市场，西班牙当地人经营高端市场，我们基本上垄断了所有低价的鞋。西班牙的每双鞋是17欧元，而我们的只卖2.6欧元。中国人比较喜欢集中，出国也喜欢扎堆，比如唐人街，大家集中起来，团结起来，这也是一个客观生存的要求。但是有时候出口太集中，价格过低，规模过大，不讲究策略和方法，容易对国外市场造成较大冲击，容易引起纠纷和摩擦。所以，我国出口面临反倾销、反补贴，经常发生贸易摩擦，这与我国出口产品价格太低、太集中密切相关。

光伏贸易战

2012年7月，以德国为主的欧洲光伏电池行业企业，向欧盟委员会提交了对中国光伏产品进行反倾销立案调查的申请，由此引发了中欧之间涉案金额最大的贸易争端，涉及中国 210 亿欧元出口、上千家企业存亡和 40 万人就业。同年 9 月 6 日，欧盟委员会宣布了对中国光伏产品发起反倾销调查的决定，中国能源界乃至全球能源界为此一片哗然。

2013 年 6 月 4 日，欧盟委员会宣布，欧盟将从 6 月 6 日起对产自中国的光伏产品征收 11.8% 的临时反倾销税，如果双方未能在 8 月 6 日前达成妥协方案，届时反倾销税率将升至 47.6%。业界对此忧心忡忡。

经过我们国家领导人反复与欧盟及其成员国领导人沟通交流，有关部门与欧洲进行了多次艰苦协商，中欧双方各退一步，终于在 7 月底达成了一个大家都能够接受的方案。这个方案包括，中国太阳能电池出口企业提交"价格承诺"方案，欧盟对于参与这个方案的中国企业免征临时反倾销税。对这个方案，我国光伏企业普遍表示欢迎。有分析认为，和解方案意味着欧盟九成的光伏市场留给了中国。

在全球化的当今世界，与主要贸易伙伴打贸易战，从来都是"杀敌一千，自损八百"。中欧之间经贸合作紧密，在全球光伏产业链中处于不同环节，彼此发挥自己的比较优势，进行优势互补，共同利益巨大。一味挑起争端，只会让彼此受伤，而各让一步，才是互利双赢的结果。

光伏贸易战虽然已落下帷幕，但也给中国光伏产业带来很多警示。关键技术和市场"两头在外"，必然受制于人。要实现可持续发展，必须更加注重培育核心技术，加强自主创新，实现内外市场平衡。

金龙铜管赢了"反倾销"之战

虽然我国很多企业频繁遭遇贸易摩擦，往往无力反击，很多都吃了败仗，但是也不乏有些企业，通过自身努力，积极应对贸易摩擦，并取得了胜利，河南金龙精密铜管集团股份有限公司（以下简称"金龙公司"）就是其中的代表。

2009年9月，美国本土4家铜管生产商向美国贸易主管部门，提交了对来自中国、墨西哥的4种规格的无缝精炼铜管发起反倾销调查的申诉书，要求对美国进口中国的无缝精炼铜管征收高达60.6%的反倾销税，这对50%出口产品都卖到美国的金龙公司构成了挑战。当时铜管行业毛利率还不到10%，而美方如征收60%多的反倾销税，这无异于关上了金龙公司等中国铜管企业出口美国的大门，所以金龙公司立即成立了应对小组，全力打反倾销官司。

2010年5月，美商务部就进口中国、墨西哥无缝精炼铜管材倾销调查做出初裁，对浙江海亮等铜管企业征收税率为34.48%~58.69%，对中国其他没有应诉的中国铜管企业则执行60.5%，墨西哥为29.52%~32.27%。金龙公司的反倾销税则为10.26%，但金龙公司对此并不满意，继续坚持向美国商务部提出反倾销年度行政复查，这一坚持就是几年。

2013年6月，美国商务部宣布对来自金龙公司和墨西哥子公司反倾销税率均为0.00%，而其他的中国铜管企业维持原来的高关税不变，并且将金龙公司此前预缴的反倾销税进行退款。

为什么金龙公司在美国赢得了"反倾销"之战呢？根本原因是金龙公司拥有高品质制冷铜管的核心技术的专利和标准，出口到美国的产品不可替代，所以金龙公司停止出口铜管，美国客户（空调生产商）就要被迫停产。在美国商务部对金龙公司征收反倾销税的时候，美国客户就自己主动提出要承担这些反倾销税，以避免金龙公司中断供应。有实力所以有底气，有底气就不怕邪气。金龙公司的胜诉，给了中国出口企业一个启示：必须拥有核心科技！

第六章 Chapter Six

....

中国制造增值少

　　中国出口的真实附加值究竟如何？全球价值链中何处是中国？这些年，中国制造基本上处于"微笑曲线"的底部，主要从事组装、加工；处于全球价值链的末端，仅仅赚取微薄的加工费，中国制造自己赚小头国外企业赚大头的现象普遍存在。我国出口多而增值少的主要原因：一是加工贸易即"代工"占比过高。加工贸易曾经占据我国出口的半壁江山，最高时达到58％。二是一般贸易技术水平普遍不高。一般贸易出口大多没有品牌，技术含量低、附加值低的现象普遍存在。

第一节　为他人做嫁衣裳

先说加工贸易。我国外贸发展，我们用短短几十年的时间走完了发达国家上百年的路程，加工贸易发挥了巨大的作用。我们立足于劳动力资源丰富这一基本国情和比较优势，首先在东部沿海省区通过承接港澳地区及"亚洲四小龙"的劳动密集型产业转移，发展加工贸易，不仅带动了国内生产，使国内众多产品通过出口在国际市场实现了价值，获得了比较利益，而且引进了国内经济建设需要的资金、技术、原材料和管理经验，创造了更多的就业机会，增加了国家税收和外汇收入，带动了相关产业的发展，促进了国民经济的持续稳定增长。

劳动密集型产品出口

我国加工贸易中的相当部分是劳动密集型行业，劳动密集型产品出口增长的粗放性严重，效益比较低。我国劳动密集型产品不仅缺少品牌营销，而且各种产品之间的档次差别、质量差别也没有拉开，加之企业之间的可替代性强，造成我国企业对市场价格的掌控能力非常弱，只能通过争相压低价格在竞争中取代对手。这种情况造成我国劳动密集型出口增长主要依赖价格和数量推动，产品的加工程度低，附加价值小，产品质量不高，尤其是缺乏能在国际上叫得响的名牌商品。以纺织品、服装为例，目前我国纺织品出口货物量居世界第一位，但平均出口服装的价格不到法国出口服装的1/10。

同时，劳动密集型产品出口结构不合理。主要表现在：

从出口规模来看，出口企业普遍规模偏小。不能形成规模经济效益和内部化优势，并削弱在国际市场上的竞争力。

从出口产品结构看，我国主要是出口一些纺织品、中低档服装、家具、鞋类、陶瓷制品等。而亚洲一些新兴的出口国家如印度、巴基斯坦、越南等国，其出口产品结构也同样是劳动密集型产品。由于我国的出口产品与上述国家的出口产品存在着严重的同构性，使我国出口产品劳动成本方面的竞争优势减弱，在国际市场上的竞争力日渐萎缩。特别是在美国、日本和欧共体的市场上，受东盟、印度等国的不断挤占，以及巴西等美洲国家产品的激烈竞争，致使许多产品在美国与日本等地市场的占有份额已开始下滑。

从出口产品市场看，我国产品对美国、港澳地区、日本及欧洲出口比率占70%以上，而对其他地区出口较少。近年来，美国、日本及欧洲国家由于经济增长放慢，致使国际市场需求疲软，再加上近年来的贸易保护主义有所抬头，我国产品出口环境趋于恶化。

贴牌加工血汗钱

与我国世界第一出口大国地位相比，我国产品的标准国际化还很薄弱。20世纪末到21世纪初，发达国家纷纷制定和实施以控制和争夺国际标准制高点为核心的国家标准战略，动用外交、政治、经济和援助等手段，全力扶持和推进本国技术标准成为国际标准，以控制产业和技术发展，维护和提升国家竞争力，确保自身经济利益和安全。从我国来看，随着综合国力和国际地位的不断提高，我国标准国际化的基础和实力有所增强，但仍很薄弱，尚未形成强有力的协调推进机制，人才和投入严重不足，与我国出口大国地位不相适应。

我国出口企业普遍缺乏自主创新能力，缺乏具有自主知识产权的核心技术、专有技术，需向外方支付高额的专利费、专业技术使用费，并且关键零部件依靠从国外进口，国内企业仅承担了加工装配的角色，赚取少量的"血汗钱"和"劳务费"。自主品牌和自主知识产权的产品在出口中所占比重很低。中国出口商品大多是贴牌加工，大部分利润被国外的品牌商、零售商和进口商获取。

在世界品牌500强排行榜上，美国品牌占将近一半，法国、日本分别位居第二和第三，我国只有少数几个本土品牌入选。作为世界第二贸易大国，中国有200多种产品产量位居世界第一，但由于缺少技术和品牌等核心竞争优势，产品在国际市场上卖不出价格，很多产品都必须以"贴牌"的方式生产，拥有强大制造能力的中国制造业却没有较高的增值和盈利能力。

据美国加利福尼亚大学三位专家研究，美国苹果公司开发的ipod，每台零售价为299美元，苹果公司没有生产线，美国获得设计、专利和营销收入163美元（其中苹果公司拿走80美元），零部件来自日本、菲律宾和中国台湾等国家和地区，加上运输费共132美元，中国获得4美元（其中加工组装费3美元）。仍以苹果手机为例，大家现在用的iphone5，美国获得360美元，日本和韩国大概是46～47美元，中国6.54美元。当然苹果手机是美国研发的，所以大部分收入都在美国，日韩加工的是关键环节还有比较高的收入，我们只占不到2%。几年前的芭比娃娃，美国市场上 9.9 美元，我们苏州工厂只有 0.35 美元。鼠标，美国市场上卖 40 美元，中国获利只有 3 美元。

由此可见，中国制造出口的这些所谓高技术产品，增值部分基本上被美日等发达国家拿走，留给我们的利润微乎其微。我们所获得的有限增值里还包含了原料、水电、工资等成本，真正的增值基本没有。所以中国制造出口附加值低确实是一个非常大的问题。可以说，由于我们处在微笑曲线的底端，辛辛苦苦为他人做了嫁衣裳。

微笑曲线

谈到出口效益，人们常提到"微笑曲线"，这是我国台湾宏碁集团的施振荣先生在 1992 年提出的，最初用于指导宏碁公司自身的发展，现在已被各行各业的企业用来规划未来发展方向上。

微笑曲线，像一张笑脸（见图 6 - 1），左上端是研发设计，中间是加工制造，右上端是市场营销。两边在上面，代表着在产业链中的附加值较高；中间在下面，代表着在产业链中的附加值较低。当前，全球制造业竞争激烈，竞相以低成本承接产业转移，加上全球产能过剩，有效需求不足，利润率较薄，附加值不高。但是在全球供过于求的情况下，一方面对研发设计的要求更高，掌握着专利技术、拥有较高研发水平的企业能获得丰厚的利润；另一方面营销渠道的掌握者，也处于较有利的市场地位，能够获得更多的利润。因此微笑曲线的两端，研发和营销的附加值很高。

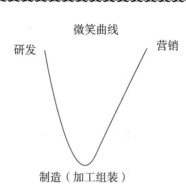

图 6 - 1 微笑曲线

随着宏碁集团成为全球第 4 大个人电脑品牌和第 2 大笔记本电脑品牌，微笑曲线理论得到了经济学界的重视，也备受产业界认可，如何从微笑曲线中间向两端延伸，很多企业都在不断探寻。

第二节 低价抢单为哪般

再说一般贸易。过去很多人认为，加工贸易是给人打工的，一般贸易才代表我们的发展方向，一般贸易的附加值高，一般贸易比重提高就是好事。现在看来，这种说法有点绝对。某种程度上说，如果一般贸易没有核心技术、自主品牌，附加值也不会太高，甚至可能还不如加工贸易。毕竟，加工贸易是"两头在外"，用世界资源满足世界市场需要，我们就出个劳动力，一般贸易则是以我们的资源满足世界的需要。

出口低价抢单现象

国际金融危机以来，国际需求持续低迷，我国出口企业面临的外部环境比较严峻。最近几年，常有外贸企业低价抢单的新闻报道。

如某空调企业反映，现在担心的不是没有国外订单，而是行业内的价格战，空调订单价格普遍下挫了 5% ~ 10%。企业负责人表示，上一年有些空调企业的订单下滑了 40% 多，2013 年刚开始，不少企业的想法都是先抢到订单再说。

仍以空调为例，某空调企业海外营销人员说，现在的行业竞争激烈，很难提高出口订单的价格，由于中国生产出来的空调可以满足全世界需求，产能过剩的局面不改变，低价竞争就很难避免。

再看一则新闻报道，由于出口退税率的提高，一些企业之间为了争夺订单，出现过"零利润"拿单只赚出口退税的情况。某服装企业负责人告诉记者，以前服装出口退税率是 14%，后来调低了，现在又调到 16%。做出口加工，16% 的出口退税率，就是零利润也有钱赚。以服装为例，最直接的就是将出口退税率提高到 16%，"如果我们做到 1000 万美金的订单，出口退税就是 160 万美元，光这个利润就很高了。"

低价抢单原因初解

最近几年媒体常常报道，我国出口有一种怪现象，出口企业为获取订单，不惜将报价一压再压，有的企业甚至把以接近成本价的出口报价来抢单。有的报道以"出口企业零利润抢单"为标题，引起了很多人的关注。这些出口企业为什么要以接近成本价的出口报价来抢单呢？一个重要的原因是出口企业可以拿到退税。（为避免误解，这里做一点解释：媒体报道说这些出口企业是"零利润"，主要是从出口报价和成本价相比较的角度来说的。从经济学和企业管理的角度来说，企业由于能够拿到退税，这些退税可以计算到企业的收入中，所以企业还是有一些利润的，并不是真正意义上的"零利润"。）

为了支持外向型经济发展，我国像很多国家一样，实行出口退税政策，企业可以拿到出口金额一定比率的退税。这个比率就是出口退税率，出口退税率不等，有的商品是国家鼓励出口的出口退税率就会高一些，有的商品不属于国家鼓励出口的出口退税率就会降下来甚至取消出口退税。比如在 2008 年外贸环境不好的时候，我们国家大幅度上调了几千种商品的出口退税率。

本来，出口退税政策是为了降低企业的出口成本，帮助企业获得更多的收入，以进一步提高研发水平，提高出口产品的质量和档次，更好地开拓国际市场。但是由于相当一部分出口企业特别是中小型出口企业，对出口退税产生了依赖，没有在练好内功、在提升自身水平上下工夫，很多年都在原地徘徊、打转，对内依靠廉价劳动力，不认真提升品牌和技术，对外依靠订单，不去开拓市场，当然这样很省事，不用费什么力气。但是缺少技术和品牌的企业，毕竟是没有竞争力的，特别是在国外需求低迷的时候，这些出口企业的日子就更不好过了。于是依赖出口退税的企业，就会要求国家进一步提高出口退税率，以缓解自身的压力。可是，提高出口退税率也帮不了这些出口企业太多的忙。现在这些国外的采购商，多年和中国企业打交道，对我国的情况很熟悉，对我国的出口政策甚至比有的外贸企业了解得还多。在国家调整了出口退税后，外商都会和我们的出口企业说："玩具出口退税率提高了 3%，成本节省了 3~4 元，价格也降一点吧。"这样一来，国家提高出口退税，往往只是让外国采购商赚更多的钱，出口退税提高所带来的那部分"增量"好处往往都给了外商了。

国外采购商，把我国出口企业的成本账算的也非常清楚。比如一家制鞋企业老板反映，一双鞋，"多少的针，多少的线，都给你算得干干净净，然后给你打上赚多少钱，你做不做？你不做，我们换一家。"采购商掌握市场渠道，处于优势谈判地位；我国出口商数量众多，彼此同质化严重，加上恶性竞争，处于劣势谈判地位。一些出口企业为了拿到订单，守住来之不易的市场，而苦苦支撑，有的甚至是真正的零利润。

解铃还须系铃人。出口企业之所以拼价格，是因为自身竞争力不强，只要提高自身竞争力，才能不把利润拱手让给外商。事实上，有核心竞争力的出口企业，不降价也一样能拿到订单，生意也不错。

第三节　新型统计揭真颜

从出口额到出口附加值

中国是世界第一出口大国，这是从"出口总额"的角度来说的。如果从"出口附加值"的角度来说，可能情况就会有所不同。

从"出口额"的角度看，一件1元的产品，在日本增值了5元，以6元的价格出口到韩国；在韩国增值了3元，以9元的价格再出口到中国；在中国增值1元，最后以10元的价格出口到美国。从表面上看，我国的出口额是10元，韩国的出口额是9元，日本的出口额是6元，美国是净进口，出口额是0元；在这件产品上，中国对美国有10元的"顺差"。

而如果从"出口附加值"的角度看，我们的出口附加值只有1元，韩国有3元，日本有5元。我们对美国的10元"顺差"中，只有1元是我们的，其他的"顺差"都是日本、韩国等国实现的。

前面第一种统计方式，即统计"出口额"的方式，也就是我们现在正在使用的贸易统计方式，叫作传统贸易统计方式。第二种统计方式，即统计"出口附加值"的方式，叫作全球价值链新型贸易统计方式。从前面的例子中，我们很容易看出，传统贸易统计方式夸大了中国的出口规模，没有真实反映出中国的出口附加值。我们的"真实"出口，属于我们"自己"的出口，并没有传统贸易统计方式所显示的那么多。可以说，美国等国家以中国贸易顺差规模过大为由，对人民币升值施加压力，是完全站不住脚的。

中美顺差真相

对此，很多美国人心里也是清楚的。几年前，美国的媒体上就有"iPhone如何夸大美中之间的贸易逆差"的文章。文章说，全球化时代的贸易统计有一个误导，就是不管产品在什么地方设计、核心元件在什么地方生产，都是在产品最后组装的地方出口的。所以虽然iPhone的主要增值并不发生在中国，但是美国海关在进行外贸统计时，将其记为美国自中国的进口。但事实上，中国仅仅是最后组装iPhone的国家，占产品增值很高比例的核心零部件制造以及产品设计都发生在美国、日本和韩国等国家。所以，在美国，有不少人认为，美中之间的贸易额被夸大了，美中贸易逆差的真实规模也远远没有传统贸易统计中显示的那么大。

全球价值链解读

近年来，一个叫"全球价值链"的新概念，经常出现在新闻报道里，引起了人们的极大关注。这个概念是世界贸易组织（WTO）、经合组织（OECD），以及联合国贸发会议提出的，主张以贸易增加值方式来统计全球的贸易，旨在"还原"经济全球化和国际分工下国际贸易的格局，准确反映各国在全球贸易中的获益情况。

为更有效核算贸易商品中的增加值，2011 年 6 月，世界贸易组织总干事拉米提出："同传统国际贸易核算相比，增加值贸易（Trade in Value Added）核算能更好地测度和反映全球贸易的新特征，是衡量世界贸易运行的一种更好方法。"全球价值链新型贸易统计方式的提出，反映了当今世界经济的高度分工。当今世界贸易规模和过去相比，已经发生了巨大的变化，产品在全世界生产制造，所以世界贸易组织提出"世界制造倡议"，就是说不应给某件产品贴上"中国制造"或者"德国制造"的标签，而把它当作世界共同生产制造的产品，从而改变传统的贸易统计方式，核算附加值。

"全球价值链"、"全球制造"这些新概念的提出，是世界贸易组织的一大贡献，有利于更好地弄清各国在当今世界贸易中处于怎样的地位，更好地理解当今世界的经济冲突，也有利于反对贸易保护主义，促进世界贸易更好地发展。在全球价值链下，最终商品和服务的形成过程，从原材料处理到最终产品形成的分工、协作、物流管理、价值创造，甚至包括研发、设计、生产、制造、营销等等环节，已经形成了有序的、互相衔接的链条关系。每一个环节都是价值创造和利润分配的过程。

大家从上面的例子可以看出，现行国际贸易统计方法是将产品全部的出口额计入最后一道加工工序所在国，比如中国，加工贸易出口额比较多，无论产品的中间件和能源原材料来自哪一个国家，最后由中国加工出口，就把出口额都算在我们身上。这种统计方法没有扣除其他国家的增值因素，导致最终出口国的出口额被高估了。同时，相应地，那些处于中间环节的出口国的出口额被低估了。根据有关部门的研究，2011 年按传统贸易统计方式核算，中美贸易顺差为 2024 亿美元，如果以新型贸易统计方式及贸易增加值的方式来核算，中美贸易顺差则大幅降至 926 亿美元，减少一半以上，这里面的巨大差额显示出我国出口中的相当一部分附加值，并不是我国完成的，只不过是通过我国"倒手"转移出去的。

新的贸易统计方式，给我们以深刻的启示，要冷静看待世界出口第一大国的地位，不能骄傲，因为我们的出口附加值和我们的出口总量相比，还不是那么大。我们是通过发挥劳动力等资源的优势参与国际分工的，有相当部分的产品是随着发达国家的设计、研发来进行加工组装的，这是我们国家在当前发展阶段的特征，我们在国际分工中仍然处在这种较低端或者中端的水平上。

第七章 Chapter Seven

出口基本格局短期内不会改变

我国出口基本格局到底能维持多久？改革开放特别是2001年加入世贸组织以来，我国牢牢把握住了国际产业转移的重大历史机遇，通过加工贸易方式参与国际分工，将中国经济嵌入全球价值链。中国有低廉的劳动力、土地和环境资源，有良好的投资环境以及巨大的市场，跨国公司普遍看好中国，纷纷入驻中国投资设厂，中国以出口为主的格局基本形成。从目前看，消化过剩产能、吸纳就业以及外部需求等因素，决定了中国出口基本格局短期内不会改变。

第一节　过剩产能靠出口

产能之大与过剩之困

第一次用"世界工厂"称呼中国的是一衣带水的日本人——2001 年日本通产省发表的白皮书开始用"世界工厂"的概念来称呼中国。随着全球"Made in China"标签在各种各样的商品上变得越来越常见，"世界工厂"的头衔被牢牢地戴在了中国头上。

中国的廉价劳动力成本、富足资源以及庞大市场与国外资金技术相结合，迅速形成了巨大的生产力和规模效应，其结果是中国的全要素生产率迅速提高，中国制造业出现了突飞猛进地增长。中国许多产品的产量已跃居世界首位，中国制造业产出在全球的比重也已经达到 2012 年的 19.8%。根据联合国工业发展组织资料，按照国际标准工业分类，在如今 22 个大类中，我国在 7 个大类中名列世界第一位，15 个大类名列前三，220 余种工业产品产量都位居世界前列。

下面讲几个典型的例子。以汽车产业为例，20 世纪 90 年代我国的汽车产量还徘徊在十几万辆的水平上，但是加入 WTO 之后的短短几年时间内中国汽车产量高速增长到 2010 年的 1826.47 万辆，超过美国高居世界第一位，占到世界总产量的 25%。2012

年汽车产量达到 1927.18 万辆，比 2011 年增长 4.6%，占世界
1/4 以上，同年汽车出口量为 105.61 万辆，超过汽车进口量
（105.43 万辆）。

除了汽车行业，我国在船舶制造、工程机械、计算机、彩
电、冰箱、空调、洗衣机、微波炉、数码相机、手机等领域都占
据绝对的市场份额。其中，2010 年中国生产的船舶占世界
41.9%，超越靠造船起家的韩国，成为世界头号船舶生产大国，
大洋上中国制造的轮船越来越多。2010 年中国制造的工程机械占
世界 43%，三一重工这样的工程机械行业标志性企业跻身为全球
工程机械制造商 50 强、全球最大的混凝土机械制造商。与此同
时，中国还为世界生产了 80% 的空调、70% 的手机和微波炉、
68% 的计算机、65% 的冰箱和数码相机、50% 的彩电、44% 的洗
衣机。以微波炉市场为例，我国著名微波炉生产厂商格兰仕一家
的产量就占世界一半以上。

除了这些技术含量相对较高的行业，我国在劳动密集型产品
的生产上更是独占鳌头。2011 年我国纺织品服装出口额达 2482
亿美元，占全球纺织品出口额的 35.2%。其中，服装出口额达
1538 亿美元，占全球服装出口额的 37.3%，纺织品出口额达 944
亿美元，占全球纺织品出口额的 32%。2012 年，我国化学纤维产
量达到 3800 万吨，占全球比重的 70%。纤维加工总量 4500 万吨
左右，占全球比重约 55%。纺织品服装出口总额 2626 亿美元，
占全球比重约为 36%。世界上每 5 件纺织品服装，就有 2 件产自
中国。据不完全统计，中国对美国鞋类市场的占有率为 60%，玩
具占 70% 以上；对日本服装市场的占有率约为 60%；对澳大利亚
针织品市场占有率约为 50%，家用纺织品占有率约为 40%。

同时，我国出现了许多"一镇横扫全球"的现象：一个地方
专门生产特定的某类产品，产量一不小心就是世界第一。温州的

打火机，以点滴利润占据了世界打火机市场90%的份额，挤垮了日本、韩国等国家的许多同类企业；嵊州的领带，产量占到全球的1/3强；深圳的横岗眼镜部落，年产眼镜近2亿副，占全球眼镜份额的60%。

产能过剩的困境。产能、产值迅速增加的同时，巨大的产能过剩也随之而来，产能利用率低便是产能过剩的一个重要指标。

根据国家统计局和工信部数据，以钢铁、水泥、平板玻璃、电解铝、光伏、汽车六大行业为例，2012年我国粗钢生产能力达9.5亿吨，粗钢产量只有7.2亿吨，产能利用率为76%；水泥产量达21.84亿吨，比2011年增加5%，产能利用率从2011年的80.5%进一步下降到2012年的79.04%；2012年全国共有浮法玻璃生产线270条，其中停产冷修的约30条，产能利用率约79.9%，同时在建、拟建的生产线仍有30~40条；2012年电解铝产能为2700万吨，产量仅为2000万吨，产能利用率为74.07%，同时产销量仅为95.1%；光伏产业产能过剩更是明显，2011年全球光伏产能过剩为10吉瓦，2012年为22吉瓦，而我国光伏组件的产量占据世界60%以上。中国汽车行业的平均产能利用率已从2010年的85%下降到2012年的70%，而按照国家发改委的行业预测报告，到2015年中国汽车产业的产能将达4000多万辆。与此相对应，即使未来5年国内市场需求按10%的增速计算，到2015年也才仅有2908万辆的需求规模。

根据《经济参考报》统计，2012年，我国工业产值已经占据国内生产总值的40%，总额高达20万亿元，同时，工业制成品的产能利用率仅为80.1%，也就意味着我国大约有5万亿元人民币的产能没有转化成实际价值。

历史上所有出现过产能过剩的工业化市场经济来说，靠外需拉动经济增长缓解国内需求不足是一个普遍规律。走工业化道路，无一例外要面对有效需求不足的问题。面对有效需求不足，提高内需并不是最先提上日程的解决办法，靠外需拉动才是第一个解决办法。

英国靠殖民扩张消化过剩产能

率先完成工业革命的英国是当时名副其实的第一个"世界工厂"。当时的英国，在 19 世纪前 70 年里，一直控制着世界工业生产的 1/3 ~ 1/2，然而英伦三岛的总人口仅占世界人口 2%，明眼人都知道靠这点人口不可能消化如此之大的工业产能。英国构建"日不落帝国"在很大程度上不是为了荣誉，或不仅仅是为了荣誉，更是为了为其强大的工业产能获取原料与市场。英国发动"鸦片战争"的最主要目的，就是为了打开中华帝国这个拥有 4 亿人口的庞大市场，为其因率先进行工业革命形成的巨大产能，当然还有肮脏的鸦片产业，开辟新的市场。

日本依靠出口消化过剩产能

日本经济从第二次世界大战以后的满目疮痍到所谓的"日本奇迹"并不是一帆风顺的，日本在经济起飞阶段也经历过多次"产能过剩"。

20 世纪 50 年代，第二次世界大战刚刚结束，由于国内狭小的市场以及战争造成的国民普遍收入较低，日本国内市场需求严重不足，这对于一个处于恢复期的经济体来说是致命的。这个时候，朝鲜战争的爆发为日本经济注入了一支强心剂，正是依靠美国的大量军事订单形成的庞大外需，才养活了嗷嗷待哺的日本经济。基于此，日本政府确立出口导向型发展模式，通过出口来消化过剩产能，拉动经济增长。日本经济的对外依存度从 1946 年的 10% 左右迅速提高到 1960 年的 38.8%，正是得益于出口，日本经济开始步入快车道。

20世纪80年代中期以后，日本在欧美国家的强大压力下被迫签订了城下之盟——"广场协议"。日元升值严重制约了日本产品的国际价格竞争力和海外需求，这一次，日本国内传统制造业企业通过对亚洲"四小龙"以及中国的海外投资，向海外转移过剩产能。

20世纪90年代日本泡沫经济破裂后，日本再次面临严重的产能过剩，这一次，日本政府依然选择通过扩大出口来消化产能。然而，日本最具竞争力的行业汽车、钢铁、家电、造船等传统产业方面，面临着亚洲四小龙尤其是韩国的竞争，日本的出口能力不升反降。出口占世界总出口的比重，从最高时期的9.8%一路下滑到当前的4.3%。结果是产能过剩压力长期难以消化，大量企业破产、倒闭，导致日本陷入长期通货紧缩，陷入了"失去的20年"。

美国靠出口军火消化过剩产能

同样作为殖民地，北美与拉美如今的发展水平可谓天壤之别。分析其原因，美国作为英国的殖民地，因为与英国保持着血缘、文化、经济上千丝万缕的联系，美国承接了历史上的第一次产业转移。18世纪70年代美国独立战争时，英国在北美的殖民地上大约有200个造铁厂，年产铁约3万吨。正是对这次来自英国的国际产业转移的承接，奠定了美国的物质和技术基础，成为后来领跑第二次科技革命的重要原因。内战结束后的美国很快抓住了第二次工业革命的契机，于1894年实现了工业生产超过英国跃居世界首位。钢铁、煤炭产量，机器生产比重在世界各国中遥遥领先。但是，生产力高速发展的同时，产能过剩危机也开始侵袭美国经济。

第一次世界大战爆发成为缓解美国产能过剩，拯救美国经济的契机。战争初期，美国并没参战，而是奉行"孤立主义"，同时向战争双方提供军用物资，军用物资的生产带动了能源、钢铁、纺织品等相关行业，美国经济是依靠战争带来的外需增加，大大缓解了国内产能过剩的矛盾，并在战后一跃成为世界一流强国。

第一次世界大战后，美国国内的房地产与汽车市场空前繁荣，带动了一系列行业诸如钢铁、石油、化工、公路建设的快速发展。然而，国内需求的发展却仍然赶不上产能的快速提升，产能过剩问题成为1929年大萧条的前奏。罗斯福新政解决了一部分产能问题，德国扩军备战造成的军火贸易升温也在很大程度上刺激了美国经济。

第二次世界大战期间，美国工厂规模扩大了近50%，产品产量也增长了50%以上。战后一段时间，世界上一半以上的制造业生产量来自美国。随着战争经济的结束，意味着美国必须寻求新的方式，解决国内需求相对不足的问题。在此美苏冷战背景下，铁幕降临，为援助遭受战争创伤的欧洲，围堵社会主义阵营，美国凭借其庞大的黄金储备和国际货币的主导地位，恰如时机地推出了"马歇尔计划"，即通过提供资金帮助欧洲重建。而获得美国资金的欧洲按照协议主要从美国购买物资，这实际上是扩大了美国对欧洲的出口。

马歇尔计划于1947年8月开始实施，为期4年，截至1951年中期，该计划向欧洲提供了总共130亿美元的援助资金，占同期美国黄金储备的65%。该计划可谓军事、政治、经济利益一箭三雕——美国即达到了初期制定的遏制苏联及其盟友的战略目的，又悄无声息地消化了本国在战争期间迅速提高的过剩产能：1948美国经济较上年增长4%，1950年、1951年更是达到了

8.7%和7.7%，是美国战后经济增速最高的年份。

中国消化过剩产能同样靠出口

讲到这里，大家会发现历史上很多东西都是类似的。不管是英国、日本还是美国，在经济高速发展的时期都伴随着巨大的生产力释放。相比较快速扩张的产能，国内有效需求往往需要更长时间的培育，这就形成了产能利用率低的矛盾。其实，"工业化"的一大特点就是本国产能超过本国的需求，只要走上工业化道路，首先要面对的就是国内有效需求不足，而依赖出口和海外市场则成了各国共同的选择。

中国当然也不会例外。中国经济在1997年第一次遇到了内需不足的问题，到2001年12月11日正式加入WTO，是中国经济从初步市场化走向外向型经济，产能过剩与内需不足的矛盾进一步突出。在内需不足的压力下，通过走向海外市场寻找出路是中国外向型经济发展的动力，并促使中国成为世界头号出口大国。2012年我国工业制成品出口额为19483.5亿美元，折合人民币约为12万亿元，占当年我国工业总产值的40%。外贸依存度是指进出口总额与国内生产总值（国内生产总值）的比值，是评估与衡量一个国家开放程度以及对国际市场依赖程度的主要指标。根据海关总署的统计，2012年中国外贸依存度为47%，其中进口依存度为22.1%，出口依存度为24.9%。相比之下，2012年美国、日本、巴西等经济大国的外贸依存度仅为30%左右。较高的外贸依存度反映出我国对国际市场的依赖程度，而这种依赖程度在我国国内工业产能增长迅速、产能利用率偏低的情况下很难迅速减少。

以制鞋业为例，2012年中国鞋产量为130亿双，国内消费30亿双，100亿双鞋需要出口，平均全世界每人2双中国产的鞋，出口率达 77%。正是依靠海外市场，才消化了国内巨大产能。只不过中国的出口，是在遵守国际贸易规则、发挥自身比较优势的情形下"老老实实"的出口，并没有伴随着血淋淋的殖民扩张、军火贸易、政治遏制。尽管如此，只要中国"世界工厂"的头衔不丢失，中国对"世界市场"的依赖就不会停止，我国当前出口的基本格局也很难改变。

第二节　就业离不开出口

瑞典骚乱因失业

北欧各国是世界上最让人向往的地区，作为北欧中心的瑞典更是以高收入、高税收、高福利闻名世界。环境优美、科技发达、福利优越、社会和谐是世人对瑞典的第一印象，就连美国人也羡慕地说"出生在瑞典就如同中了头彩"。然而，2013 年 6 月份，就是在这么一个人类发展指数最高的国家，却爆发了大规模的骚乱活动。暴乱发生之后的短短几天，斯德哥尔摩当地消防总署至少接受 120 件骚乱案件，一个晚上最多 30 辆汽车被焚烧，多人被捕。瑞典发生的骚乱震惊了整个西方社会，因为在平常人的心目中，已经远离战争多年的北欧国家发生骚乱是几乎不可能的事情，但是，骚乱还是发生了，而且持续了一周多。

骚乱的导火索在于瑞典警方当月在斯德哥尔摩市赫比斯区射杀一名挥舞弯刀的 69 岁男子，但是骚乱的大背景还是在于瑞典伊斯兰移民与瑞典主流社会的隔阂，根源就在于：瑞典的 10.3 万移民，由于缺乏完善的收容安置政策，面临着失业带来的一系列问题。正如马丁·路德·金所言："在我们的社会中，剥夺一个人的工作，在心理上等同于谋杀，因为你实质上是在说那个人无权生存。"长期的失业群体久而久之必然积累严重的社会不满和情绪，最终通过骚乱表现出来。

失去工作不仅直接造成劳动者及其家庭成员的生活水平下降，更伤害其自尊，引发社会不稳定。"害莫大于乱，利莫大于治"，而保持充分就业是维持社会稳定的主要因素，在这方面，古今中西，概莫能外，瑞典如此，我国更是如此。宏观经济政策一个重要的目标就是充分就业，只有保证充分就业，才能保证宏观经济发展和社会稳定。经济高速增长时期，就业机会往往相对充裕，但是经济下行时，就业问题往往首先会暴露出来。在面临经济波动时，任何一个现代政府首先要面对的问题是就业率下降及其带来的一系列社会问题，就连世界上最发达、居民素质最高的国家也是如此。

中国春运看就业

"有史以来规模最大的人类大迁徙"，听起来很玄乎，实际是指中国春运。在四十多天左右的时间里，有 30 多亿次的人口流动。中国春运入选世界纪录协会世界上最大的周期性运输高峰，创造了多项世界之最、中国之最。

春运背后，就是我国巨大的以农民工为主的劳动力流动。随着农业生产力的释放，越来越多的农民进城打工。每年开春，大量的农村劳动力来到城市；春节之前，绝大多数中国人回到家乡团聚过年。农村劳动力转移促进了城市化的高速发展。1978 年改革开放初期中国城镇化率为 17.9%，2000 年我国的城市化率上升到 36%，2012 年进一步提高到 51.3%，年均提高近 1 个百分点，城镇人口由 1978 年的 1.72 亿增加到 2012 年的 6.93 亿，居世界第一。

· 农民进入非农产业和城镇，首先需要解决的问题就是要创造足够的非农就业岗位吸纳农民就业。据统计，我国农民工总规模接近2.4亿人，远大于美国的就业人口总数。我国城镇每年大致要安排的城镇劳动力达2400万左右，相当于一个欧洲中等国家的全部人口。每年需转移1000万农村人口，超过前面提到的瑞典的人口总数；其中各类学校毕业生大约有1400万人，包括新毕业大学生700万人。由中国青少年研究中心和共青团中央国际联络部联合发布的《中国青年发展报告》提到，根据对中国未来新增劳动力人口的预算，未来10年内中国青年新增劳动人口每年将保持1500万~2000万之间的高位。

这么大规模的人口转移，这么多寻找工作的劳动力，给我国造成了可能是历史上最大的就业难题，成为我国历任政府不得不面对的重要课题。不管是1998年亚洲金融危机还是2008年"次贷"危机，我国政府均提出"保八"，为什么要保增长？保增长就是保就业，如果经济增长速度达不到8%，2000多万农民工很可能失去工作，就得离开城市回到农村。其结果，除了直接导致这些农民工收入下降，还可能造成巨大的社会安定隐患，毕竟2000万农民工的影响比瑞典10万外来移民的影响要大得多。另外，我们说让人民活得更有尊严，从很大程度上就是要创造更多、更体面的工作岗位。

出口"安好"，就业便是"晴天"

我国经济政策一直保持两个最基本的政策目标：一是追求经济的快速发展，尽快提高国家经济实力；另一个就是保持就业格局的基本稳定。历史经验表明，在经济高速发展、社会加快转型往往伴随着城市化的快速发展，城市需要安排大量农业转移人口，就业的压力就会特别大，就业不足造成的社会潜在风险也就越大。

为解决就业问题，创造充分的就业岗位，扩大出口成为重要的出路。在国内有效需求，尤其是消费需求相对不足的情况下，瞄准海外市场的出口部门成为创造大量就业岗位的"主力部队"。虽然当前我国仍然处于国际产业分工体系的中低端，比较优势主要集中在劳动密集型产品和高新技术产品的劳动密集型环节，出口中的主要产品属于劳动密集型产品。劳动密集型产业虽然存在附加值低、不掌握核心技术等劣势，但是出口部门却解决了大量就业问题。出口的稳定增长直接关系着国内的就业状况。据统计，2007—2011 年我国出口与就业的相关系数为 0.88，呈现高度相关性。

关于我国出口对就业市场的影响，不同统计口径的数据可能略有不同。一是学术界的数据，在李善同等人的《外贸对我国经济社会发展的定量分析》一文中提到，1987—2007 年间，外贸所带动的就业人数每年平均为 8376 万人。在 2005 年外贸所带动的就业规模首次突破 1 亿人，达到 12299 万人，其中出口贡献 8025 万个工作岗位。二是商务部的数据，2008 年时任商务部副部长的易小准在第七届中国企业领袖年会上透漏，2007 年外贸进出口对国民经济增长贡献率达到 20%，与进出口相关的就业人数超过 1 亿人，外资企业直接就业人员达到 4000 万人，缴纳的税收占全国税收的 20%。三年之后，商务部副部长蒋耀平在 2011 年第 110 届广交会上表示，外贸直接带动就业人数超过 8000 万人，其中 60% 来自农村转移劳动力。学术界与政府部门数据可能略有不同，但是都反映了出口部门对我国就业的重要作用。

在这里，我们不得不提一下加工贸易。一提到加工贸易，很多人首先想到附加值偏低、不具备核心技术，研发设计以及售后服务环节掌握在外商手中等缺点，并且它给地方带来的税收收入很有限，但加工贸易的的确确给我国带来了巨大的就业机会。据不完全统计，加工贸易直接带动的就业就超过 4000 万人。仅富士康一家企业，在中国大陆的招工人数就高达 150 万人。因此，在未来很长一段时间内，只有继续发展加工贸易，才能解决严峻的就业问题。当然，随着劳动力等成本上升，加工贸易的转型升级也是大势所趋。

出口部门尤其是加工贸易吸纳了大量的就业人口，因此外贸进出口的波动尤其是出口的波动直接影响着国内就业。据商务部统计，我国出口每波动 1 个百分点，将影响 18 万~20 万人的就业。以 2009 年为例，受金融危机的影响，2009 年进出口总额为22072.7 亿美元，比 2008 年下降 13.9%，其中进口 10056 亿美元，同比下降 11.2%，出口 12017.7 亿美元，同比下降 16%。尽管当年我国推出了 4 万亿投资计划以扩大内需，但是出口低迷对就业市场造成的负面作用还是难以通过国内市场抵消。我国制造业就业人数在 2008—2009 年后出现了罕见的下降，年均负增长约1%。据不完全统计，2009 年因为出口增长受挫导致影响的潜在就业岗位损失达 350 万。以东莞为例，2009 年东莞出口额从 2008年的 1133 亿美元下降到 935 亿美元，下降 17.4%。因出口表现不佳导致东莞 2009 年上半年就有 342 家企业倒闭，东莞登记就业人数从 2008 年的 633 万人下降到 2009 年的 570 万，减少了 63 万人，降幅高达 10%。

随着我国面临的贸易争端、贸易壁垒逐步增多，任何一次反倾销调查都会直接影响到国内就业。以光伏产业为例，中国光伏产业 2004 年还默默无闻，如今中国已经成为世界上最大的太阳能面板生产国，占据欧盟市场的 70%~80%。2013 年欧盟对中国光伏产业实施"双反"调查，这直接涉及中国 1000 多家企业以及 40 万人的就业，出口对就业的重要性可见一斑。当前和今后一段时期内我国仍要继续实施就业优先战略，坚持把促进就业放在经济社会发展的优先位置，那么外贸尤其是出口对我国促进就业、保障社会稳定的意义依然重要，出口的基本格局短期内很难出现明显的变化。

第三节 金砖国家新市场

"金砖国家"分量几何？

金砖是五个新兴市场英文首字母的缩写，"BRICS"包括巴西、俄罗斯、印度、中国和南非。最早提出"金砖"概念是美国高盛公司吉姆·奥尼尔（Jim O'Nill），他把中国（China）、巴西（Brazil）、印度（India）和俄罗斯（Russia）四个国家的英文首字母组合成一起，其发音类似"砖块"（Brick），"金砖四国"因而得名。高盛公司在 2003 年 10 月发表了一份题为《与"金砖四国"一起梦想的世界经济报告》。在报告中，高盛公司对这四个新兴市场国家非常乐观，认为经济高速发展将使他们占据 2050 年世界经济六强中的四席。2010 年中国作为"金砖国家"合作机制轮值主席国，与其他三国一起商定，吸收南非加入该机制，"金砖四国（BRIC）"变为"金砖五国（BRICS）"。

金砖国家国土面积占世界 27%，人口占世界总人口的 43%，2009 年五国国内生产总值占世界总量的 16%，贸易额占全球贸易额的 13%。按照购买力平价计算，金砖五国对世界经济增长的贡献率已经超过 50%。

巴西

巴西的国民生产总值高居拉丁美洲之首，除传统农业经济之外，生产、服务行业也日益兴旺，更在原材料资源方面占据天然优势。巴西拥有世界上最高的铁、铜、镍、锰、铝土矿蕴藏量，另外，通讯、金融等新兴产业也呈上升趋势。自 2011 年起人均国内生产总值已经超过 1 万美元，根据预测，在未来 5 年内，巴西人均收入还将继续增长 35%。

高速增长的人均国民生产总值构成了巨大的潜在市场。巴西是"中国崛起"的直接受益国之一，随着中国对巴西原材料的进一步扩大，中巴贸易还将迎来更快的发展。2012 年中巴贸易额达到 857 亿美元，其中中国出口 334 亿美元，进口 523 亿美元。

印度

印度是世界上人口第二多的国家，拥有 6000 多家上市公司，规模空前壮大。在过去的 20 年间，印度经济以每年平均 5.6% 的速度稳定成长。

印度的软件与制药行业在世界占据重要地位，美国最大的 1000 家公司当中，1/4 的企业使用印度开发的软件。印度药业也在全球市场占据了重要地位。世界上 40% 的"学名药"是在印度生产的。

与此同时，印度社会出现了相当大量的中产阶级，国内消费市场快速发展，同时，亟待完善的基础设施建设也形成了巨大的投资需求，这对中国是巨大的机遇。2012 年，中印双边贸易额达到 665 亿美元，其中中国出口 476 亿美元，进口 188 亿美元，呈顺差状态。

俄罗斯

1991 年苏联解体后，俄罗斯从中央计划经济体转型为国际整合，以市场为基础的经济体。目前，俄罗斯已经是全球最大的天然气出口国、第二大石油出口国。石油和天然气价格上涨无疑为俄罗斯经济增添了双翼。石油和天然气的开采和生产控制了今天 1/5 的国民生产，并且创造了 50% 的出口贸易产值和 40% 的国家收入。另外，俄罗斯还是钯、铂、钛的第一大产国。在新近国际信用评级当中，被著名的证券研究机构——标准普尔评为投资等级。

俄罗斯是中国重要的能源合作伙伴以及出口市场，2012 年，中俄双边贸易突破 800 亿美元达到 881 亿美元，同比增长 11.2%，突破 1000 亿美元目标也用不了多久了。其中中国出口 440.6 亿美元，进口 441 亿美元，双边贸易呈均衡状态。

南非

南非是非洲最发达的国家，为金砖国家合作机制中唯一的非洲成员，南非还是我国贸易和投资进入南部非洲的门户。借助南非企业在南部非洲的销售和生产网络，中国产品和服务可以及时、便利地进入南部非洲发展共同体 15 个国家和地区。随着南部非洲发展共同体、东南非共同发展市场以及西非经济共同体的建立，南非在促进中非贸易中的桥头堡作用越来越明显。

2012 年，中国与南非双边贸易额为 599 亿美元，同比增长 31.8%，占中国与非洲贸易总额的 30% 以上。其中中国出口 153 亿美元，同比增长 14.7%，进口 406 亿美元，同比增长 39%，南非成为中国对外贸易发展最快的国家之一。

出口增长新希望

经济的快速发展将会使金砖国家成为世界上潜力最大的市场，经过多年快速发展，新兴经济体活力增强，科技实力正在改善。它们内需潜力大，新技术的市场空间广阔，在传统技术和工业上的沉淀成本小，人口红利明显，创新所需的人力资源潜力不可小视。

金砖国家为我国积极实施市场多元化战略，加快实施自贸区战略，大力开拓新兴市场，优化国际市场格局创造了条件。2007 年，我国对欧盟、美国、日本、我国香港四个传统市场进出口占我国进出口比重高达 50.2%，这意味着我们一半的市场依赖美日欧，对欧美日市场的过度依赖会带来一系列的风险。毕竟，市场控制在人家手里，欧美日随时可以拿中国说事儿。然而，随着金砖国家经济的高速发展，到 2012 年，我国对美日欧，以及我国香港的进出口占我国进出口的比重迅速下降到 44%，比 2007 年的 50.2% 下降了 6.2 个百分点，这意味着，我们对美日欧出口市场的依赖减轻了，对于取得在贸易争端中获得更多的话语权有很大帮助。

我们对新兴市场和发展中国家进出口快速增长，占我国进出口的比重提高了 6.2 个百分点。其中，与巴西、俄罗斯、印度和南非金砖国家的进出口额分别增长 188.5%、83%、72% 和 327%。单 2011 一年，我国对巴西、俄罗斯和南非等国家双边贸易进出口总值分别为 842 亿、792.5 亿和 454.3 亿美元，分别增长 34.5%、42.7% 和 76.7%，均高于同期我国总体进出口增速。

金砖中的其他四国都不属于传统的欧美国家，在政治文化上也没有对中国过度的抵抗，这对中国更是难得的新机遇。我国经济与其他新兴经济体有很强的互补性，我国工业对金砖国家市场适应性和就业包容性都很强。以"金砖"国家为代表的新兴市场的迅速发展，为我国的出口创造了新的市场与机遇，他们的发展壮大是我国出口基本格局可以保持不变的重要因素。

第四节　出口转内需是方向

经济结构恐失衡

出口、消费、投资是拉动我国经济增长的"三驾马车"。在大国经济的发展过程中，只有三驾马车并驾齐驱，才能保证经济结构的稳定，经济发展才会更健康，经济增长才会更具有可持续性。如果过度依赖其中某一项，而忽略其他任何一项，都容易造成经济结构的失衡。在现阶段，我国经济增长中，出口与投资的贡献率过高，而消费的贡献率过低，这不能不说是一个隐患。形象地说，在三匹马中，有一匹马跑得慢，另外两匹马跑得快，则这辆马车很难稳步健康前行。

过度依赖出口，往往造成国际收支不平衡。2013 年 6 月末我国外汇储备余额为 3.5 万亿美元，是排名第二的日本外汇储备的 3 倍，超过 2012 年欧洲头号经济强国德国的国内生产总值。巨额的外汇储备，对我国经济结构和经济发展，带来一系列负面影响。

首先，在我国现行的外汇管理体制下，巨额外汇占款被转化成巨额的国内货币发行量，形成了巨大的通胀压力。

其次，巨额的外汇储备带来的持有成本，不可忽视。在主要货币不断贬值的情况下，如何升值保值也是一个巨大难题，稍有不慎，就会造成重大损失。

再次，"树大招风"，在当前贸易保护主义盛行的环境下，我国的巨额外汇储备很有可能引起西方国家更多的"关注"，成为西方大国逼迫我国人民币升值的借口，招致更多的贸易摩擦。

过度依赖出口就意味着非贸易领域的发展空间受到一定挤压，对内生性增长有着持续的"挤出效应"。

不难想象，如果我们的资源、政策优惠、资金都集中在出口部门，那么国内其他部门的生长空间肯定会受到挤压，长此以往，内需不振的问题会越来越严重。

贸易保护受害国

过度依赖出口，使中国成为贸易保护主义的最大受害国。1995—2012 年期间，在世界各国发起的反倾销、反补贴案件中，中国持续多年居全球首位。国际金融危机爆发之后，中国遭受贸易保护主义进一步加剧。

一方面，遭受反倾销、反补贴的领域不仅从传统的劳动密集型产业逐步扩大到技术密集型产业，例如2012—2013年美欧先后对中国光伏产业进行"双反"调查。

另一方面，对我国进行反倾销、反补贴的国家也从传统发达经济体向发展中国蔓延。比如印度也对我国光伏产业实施调查，墨西哥等国家对我国纺织品和服装补贴向WTO提起磋商请求等。

根据世界贸易组织的数据，2012年中国遭受的发起反倾销调查和实施反倾销分别占全球的28.8%和29.1%，遭受的发起反补贴和实施反补贴分别占全球的43.5%和80%。2012年全球共实施反补贴案件10起，其中8起是针对中国。

持续的高频率和高强度的贸易保护主义，既与国际金融危机爆发后各国经济疲软有关，同时也受政治、文化等综合因素的影响。欧美等发达国家绝对是"双重标准"的高手——在产业竞争优势强的时候，大张旗鼓宣传"自由贸易""全球化"，当中国在加入WTO之后产业竞争力"出人意料"快速增强，短期内发展成为世界第一出口大国的时候，他们又开始高喊"限制不公平竞争"、"保护和振兴国内产业"，通过各种壁垒阻止中国产品。

各种形式的贸易保护主义，不管源于什么原因，结果是相同的，那就是它对我国未来的经济持续增长、就业稳定增加了潜在的风险。鉴于此，我们应该提升出口产品的技术含量和附加值，促进贸易结构的调整和转型升级，提升国际竞争力和分工地位。同时，从根本上，我们更应该适度减轻对出口的过度依赖，努力培养国内市场，降低未来经济遭受外部不确定因素的风险。

市场规模定胜负

在国际竞争中，本国的市场大小就是硬实力。不管贸易自由度如何，国际贸易摩擦都会客观存在。从某种意义上说，国内市场的根本控制权掌控在自己手中，而海外市场则最终还是要看别人脸色。国际对话中，谁的市场大，在政治、经济、军事、外交对话中谁的底气就足。谁对出口依赖大，谁就会被处处掣肘。

比如中国与菲律宾。由于我国市场更大，对菲律宾的产品尤其是农产品进口较多，而菲律宾狭小的市场对中国出口的重要性微乎其微，导致菲律宾对中国的贸易依存度远远大于中国对菲律宾的依存度。这样，在面临利益纠纷时，我们就多了筹码。

反过来，在中美贸易中，我国对美国市场的依赖远远大于美国对我国依赖。在过去，尤其在中国加入 WTO 之前，由于市场掌握在美国人手中，离开美国市场我国经济损失可能比较大，这是美国动辄就敢对中国进行"制裁"的重要原因，也是我国手里可操作措施有限的根本原因。

再比如，中国汽车行业的高速发展，创造了巨大投资和市场机会。为什么我们国内汽车产业配套尚未成熟之际，诸多跨国公司纷纷在中国投入巨资成立合资公司？原因就是市场在我们手中，他们看中了中国巨大的汽车消费市场。不管是大众、尼桑还是宝马、奥迪，要想进入庞大的中国汽车销售市场，在巨大的市场中获利，必须要"入乡随俗"，必须拿出技术换得中国市场的入场券。试想，如果是一个规模较小的市场，根本没有资格跟跨国汽车公司提出"市场换技术"的要求。

产能当造福本国

不管是烽火连天的革命年代，或是改革开放初期外汇紧缺的年代，还是加入 WTO 之前的彷徨年代，"国货当自强"，把中国制造产品销售到世界的每一个角落，曾经是中国各行各业从业者共同的梦想。正是在这个梦想的推动下，我们加入了 WTO，抓住了难得的历史机遇，使我国的出口高速发展，到今天，世界出口大国的头把交椅，已经被我们牢牢坐稳。

与出口高速增长形成鲜明对比的，是我国持续偏低的居民消费率。2000年以来，我国居民最终消费率长期保持在50%以下并持续下降。其中，2000—2011年期间，我国居民最终消费率从46.4%下降到35.5%，不仅降速快，降幅也很大。与此同时，美国居民最终消费率一直保持在70%以上，欧洲普遍超过60%，日本、韩国等亚洲国家也在50%~60%之间。较低的居民消费率，一方面反映了我国经济结构失衡，另一方面也说明，在这个历史时期，"中国制造"的产品，大都让外国人消费了，"中国消费"所占的比例太低，中国人自己享用的，只占较小的一部分。

同时，为了实现"出口梦"，我国付出了太多的代价。持续增长的出口规模掩盖不住利润率的下滑，物美价廉的商品换来的却是一次又一次的反倾销、反补贴调查，曾经的自由贸易鼓吹者如今成了贸易保护主义的代言人，我国人民辛勤工作却要背负西方的无端指责，庞大的外汇储备成为经济不平衡的重要表现，资源环境开始不堪重负，外部市场开始疲软。蓦然回首，我们可能会发现，虽然"出口梦"实现了，但结果却没有想象的那样美好。

在这个历史节点上，习近平同志对"中国梦"的强调和阐释掷地有声、引人深思。他说，"中国梦"归根到底是人民的梦，必须紧紧依靠人民来实现，必须不断为人民造福。

习近平同志的讲话，对我国出口未来的发展理顺了思路——增加出口不是我们的目的，而只是途径；甚至发展经济也不是我们的最终目的——不管扩大出口还是发展经济，根本目的就是为了让每一位中国人享受发展的成果，必须"不断为人民造福"。

所以，我国不断扩大的产能，最根本目的应该是用于满足人民群众日益增长的物质文化需求，而不仅仅是为了出口满足国外市场。我们的就业，不应该单是为创造就业机会，更要促进人的全面发展。因此，从"中国制造"到"中国消费"的转变，是"中国梦"的一部分，符合广大人民的最根本利益。从这个意义上看，我们出口的锋芒，最终要被国内需求替代，尤其是被老百姓的消费需求所替代。

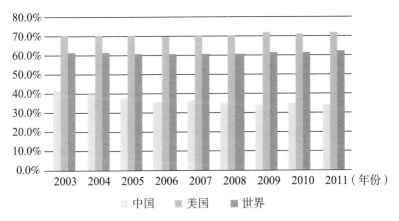

图7－1　2003—2011年中美居民消费率比较

第八章 Chapter Eight

出口核心竞争力短期内不会消失

　　中国出口核心竞争优势究竟在哪？还可以持续多久？放眼全球：一方面，东南亚、拉美"后起之秀"开始发力，在部分传统领域对我国出口构成竞争威胁；另一方面，为应对国内"产业空心化"的严重问题，西方国家开始提出"再制造业化"，试图把过去流失的制造业重新吸引回国内。虽然这些必将对中国出口造成一定的冲击，但是中国出口核心竞争优势（产业配套优势）依然明显，短期内，这种优势还不会消失；长远看，还是要谋划打造"升级版核心竞争力"。

第一节　领袖群伦中国造

中国制造竞争力依旧在

全球金融危机爆发前，美国等发达国家享受着金融业、服务业带来的高额利润和中国等新兴国家的廉价商品，经济一片繁荣。但是，在全球金融危机爆发之后，主要发达经济体的复苏却是步履维艰，其重要原因就是发达国家经济体中"产业空心化"问题越来越突出。

美国自 2007 年次贷危机后，一直受困于高失业和"双赤字"，房地产繁荣不再，制造业流失海外；日本自 20 世纪 90 年代初泡沫经济破灭后经历了"失去的 20 年"，2011 年的东日本地震直接打击了产业链与能源供，过度的产业转移使国内产业竞争能力持续下降，面对韩国、中国等竞争时越来越力不从心；欧洲面临主权债务危机的冲击，失业率居高不下，经济增长低迷。除了部分"金猪国家"表现不佳以外，金融危机开始向荷兰、法国等西欧核心国家蔓延，除了德国，大部分欧洲国家的制造业竞争力持续走低。

尽管发达国家采取了多种措施来应对危机，但经济复苏前景仍然不明。"再制造业化战略"，即纠正过度发展服务业、金融，忽视制造业而造成的"产业空心化",成为其引领经济走出危机的重要战略举措。对西方国家经济政策制定者而言,"再制造业化"不仅仅是实现传统制造业的简单再回归,而是要增强其在传统优势环节的竞争力,尤其在更高端的、具有更高附加值的新兴产业上抢占制高点,从而使经济的发展具有更加坚实的基础。

例如,美国的再制造业化战略着眼于通过创新发展新能源、新材料、生物技术等新兴产业。美国总统奥巴马说,要用5年时间,把美国重新打造成世界制造业大国和强国。随着"页岩气革命"以及一系列重振制造业、促进本地就业的政策出台,中国等国家成本的上涨,的确出现了部分企业回流的现象,比如福特公司开始把一些零部件加工转移到美国本土。

除了美国,日本也开始着眼于研发与新兴产业,力图重新夺回亚洲"雁阵经济"的"雁头"位置。法国也适时推出了旨在增强知识与技术密集的产业竞争优势的"工业振兴新计划"。

那么,发达国家"再制造业化"对于国际产业分工格局尤其是"中国制造"影响如何?

当前发达国家占据了技术与资金密集的高附加价值环节,发展中经济体占据了劳动密集环节和部分附加价值较低的技术、资金密集生产环节,这样的格局短期内很难改变。同时,经济全球化本身是市场行为,国际资本遵循成本最小化的原则在世界范围配置各种要素,单纯的产业政策不会对国际分工产生实质性的影响。只要发展中国家在要素价格方面仍然存在优势,那么产业转移大势很难逆转。事实证明,从目前的情况看,发达国家制造活动外迁仍然多于回迁。

以法国为例,虽然该国制造业振兴计划中包括了向企业提供补贴的内容,但制造业仍在外迁。2010年法国制造业的对外直接投资达到2100亿欧元,而制造业的外来直接投资只有1040亿欧元。因此，发达国家再制造业化战略不会改变全球发达国家与发展中国家分工格局的演化方向，也不会从根本上削弱中国制造的竞争力，相反，中国等国家的制造业竞争能力却持续提高。

全球制造业竞争力指数

为了综合分析各国的制造业竞争能力，2013 年新年伊始，德勤全球制造业小组联合美国竞争力委员会发布了《关于 2013 年全球制造业竞争力指数的报告》。该报告系统分析了影响各个经济体制造业竞争力的各种因素，包括经商环境、科技、人才、市场、政府效率、基础设施等诸多方面。同时，报告总结了全球500 多名制造业企业高管对全球竞争力的看法。

报告指出，在重点研究的 38 个主要经济体中，当前最具竞争力的前五个国家经济体分别是中国、德国、美国、印度、韩国。而在 5 年之后，前五名分别是中国、印度、巴西、德国、美国。换句话说，目前中国是最具竞争力的国家，而且这种优势至少在未来 5 年内不会丧失。

上面的报道虽是一家之言，但也从侧面反映了我国制造业竞争力的优势。那么，我国产业的核心竞争力究竟是什么呢？我们认为最主要的是产业配套优势。

第二节 产业配套系核心

我国的成本优势一直存在，但从来都不是我国产业的核心竞争力。尤其最近几年，虽然我国劳动力成本不断提升，部分产业转移他国，但是中国制造业竞争力不降反增了。

为什么？因为经过几十年的快速发展，我国的主要产业已形成明显的"集群效应"，配套基本完善，这大大提高了我国行业出口竞争力。博思艾伦咨询公司大中华区董事长谢祖墀在评价中国制造业核心竞争力时说："制造业往往不只是几家企业，而是整个生态系统的建立，集群效应已成为中国制造业最强竞争力。"

集群效应

波特最先提出了著名的"集群效应"，经过他的观察，在所有发达经济体的强势产业中，几乎无一例外的存在集群效应。例如意大利的设计、法国的红酒、美国硅谷的IT、日本的家用电器、德国的汽车制造。

那么究竟什么是产业集群？我们看看波特《国家竞争优势》："产业集群是指在特定区域中，具有竞争与合作关系，且在地理上集中，有交互关联性的企业、专业化供应商、服务供应商、金融机构、相关产业的厂商及其他相关机构等组成的群体。许多产业集群还包括由于延伸而涉及的销售渠道、顾客、辅助产品制造商、专业化基础设施供应商等，政府及其他提供专业化培训、信息、研究开发、标准制定等机构，以及同业公会和其他相关的民间团体。"

在一个区域内，从事相同行业的企业数量非常多。这样会有很多优势：其一，企业之间竞争激烈、优胜劣汰，最后存活的企业竞争力都非常强。其二，集群区域内企业的管理者之间往往文化、思维方式类似，有利于彼此之间建立正式的规范或非正式的默契，一致对外，增加合作机会，减少无序竞争。其三，集群内部的企业之间除了竞争，更能相互配合，如联合开发新产品，开拓新市场，建立生产供应链，中小企业可以在培训、金融、技术开发、产品设计、市场营销、出口、分配等方面，实现高效的网络化的互动和合作，以

> 克服其小企业规模的劣势，形成规模经济，大大提高产业对外竞争能力。

蚂蚁雄兵的集群优势

回过头来看我国，为什么格兰仕能成为世界第一？为什么温州打火机成为世界第一？为什么深圳的横岗眼镜部落世界占比60%？最重要原因就是在这些行业在我国已形成了一个个产业集群，产业集群内的企业规模虽然不大，但是在一个不大的区域范围内，汇聚了"蚂蚁百万雄兵"，形成了集群效应，造就了强大的产业竞争力，最终横扫世界市场。

以珠三角经济圈的潮汕地区为例，外向型经济发展较好的原因，就是在这片不大的区域范围内形成了多个产业集群：汕头形成了玩具工艺、纺织服装产业的产业集群，已有上市企业20家；潮州形成了陶瓷产业集群，全市有陶瓷生产及相关配套的企业约1万余家，形成了完整产业链，陶瓷出口及总产值、销售额均在全国名列前茅；揭阳形成了高档时尚制鞋产业集群，成为全国规模最大的塑料鞋类生产基地和出口基地；汕尾则形成了电子产业集群、发动机装配产业集群、纺织服装制造产业集群、食品加工产业集群等四大集群。

潮汕地区的产业集群模式是我国出口行业的一个样本，除了潮汕地区，几乎东部所有的沿海地区在发展外向型经济时，都依靠产业集群的优势，大大提高了产业核心竞争力。

长三角地区的产业集群发展同样突出。以出口强省浙江为例，小商品汇聚成大市场从而形成全球竞争力的例子层出不穷，温州的打火机、永康的小五金、永嘉的纽扣、嵊州的领带、萧山的羽绒、平湖的服装……都是通过一个个中小型企业汇聚的"蚂蚁雄兵"形成了强大的竞争力。在浙江，集聚效应是如此明显，以至于世人都知道一个个"温州领带"这样的区域品牌，对企业品牌却所知甚少。但正是这些知名度不太高的中小企业群，却很快做到了国内最大，甚至世界最大，如一次性打火机一年就出口1亿多美元。

厂商聚集除了带来了价格竞争力，还形成了专业市场，例如义乌小商品城、绍兴轻纺城、海宁皮革城、湖州丝绸市场等，都是依靠中小型生产企业群建立起来的交易市场。交易市场与生产企业紧密相连，花样翻新快，质优价宜，形成了巨大的国际知名度和出口竞争力，进一步提升了产业集群的国际竞争力。

产业配套一应俱全

产业集群的发展也客观上使我国的产业配套更加健全，经过多年的积累，我国在产业配套上，已经拥有了巨大优势，成为我国出口部门核心竞争力的最重要一环。

产业配套能力的完善是一个复杂的系统工程，涉及诸多因素。比如充沛的原材料与零部件供给、熟练的管理经验以及操作工人、完善的上下游企业群、强大的生产规模效应、本土制造的低成本与高性能的生产设备、高效的物流配送网络、庞大的国内市场、强大研发创新能力。

冰冻三尺非一日之寒，成就罗马帝国也非一日之功。其他新兴工业化国家制造业在产业配套的完整上，与中国相比还有较大的差距。很多情况下，这些国家要么缺乏其中之一，要么缺乏几个环节，而且受限于各种客观因素，产业配套能力与中国的差距短期内难以缩小。

以纺织服装行业为例，与东南亚、印度等新兴经济体相比，我国的服装纺织行业具有最完善产业配套能力。从原料生产到服装加工各环节再到市场，可谓"十八般兵器样样俱全"。

从原材料角度看，中国是世界上最大的棉花生产国，除棉花外，中国还有一些特有和稀有的天然纺织资源，中国是世界上最大的蚕丝生产国，蚕丝产量占世界的70%以上，中国亚麻生产能力居世界第二位，苎麻纤维产量占世界的99%。在人工纤维方面，中国纤维加工工业体系占世界1/4左右。美国纤维经济局曾

原材料	·棉花生产 ·庞大的人造纤维生产制造体系 ·蚕丝、亚麻、苎麻纤维等稀有纺织资源
纺纱业	·高端工艺积累、专业人员 ·规模效应 ·机械设备的生产、维护、供应
织造业	·机械设备配套的维护、保养直接关系到成本竞争力 ·高级技术人员 ·规模效应、集聚效应
印染业	·规模效应 ·对供电、物流等基础设施要求较高
成衣制造	·产业集聚效应明显，不同面料的加工的区域化、特色化分工越来越细 ·高端成衣制造对技术人员的要求越来越高 ·劳动生产率直接影响到成衣制造的成本和利润，对到素质工人需求大
批发销售	·庞大的国内市场称为重要的国际竞争因素 ·出口要求交货及时，对电子商务、基础设施和物流要求较高

图8-1 纺织服装业产业链

有数据显示，在亚太地区人造纤维生产厂有 1030 家，中国占总生产能力的 2/3。

从生产角度看，我国具有纺织、印染、成衣的完整产业链，在主要的生产加工区域内机械设备国产率高，性能稳定，维护便捷且成本低；服装配件形成了规模优势，与产业链各个环节的衔接完善；我国纺织服装业具有产品区域化的明显特征，全国已形成数十个各具特色的纺织面料、服装、家用纺织品的生产、销售基地，在区域内纺织品服装的整体配套能力非常强；由于工人素质普遍较高，劳动生产率明显优于其他国家。据一家顾问公司的报告显示，在对每小时生产的男式衬衫数量进行比较后发现，东南亚的纺织品生产率是中国的 65%；印度的生产率是中国的 75%。

从市场角度看，由于基础设施完善、经商环境好，我国纺织品服装企业在接单、生产加工、供货等方面具备快速反应、优良服务的能力。同时，我们的国内市场庞大，有利于服装纺织行业形成规模经济。

跟中国相比，东南亚国家纺织服装偏重加工生产，面料、纱线等原料则依赖中国进口，生产设备、高级技术人员也需要进口。最后，东南亚国家本土市场狭小，导致国内行业对外依赖性过高。印度虽然有庞大的潜在市场，但是产业配套能力，与中国尚有明显差距。

虽然东南亚、印度的工资水平更低，但他们在产业配套方面的劣势导致其在服装纺织行业的竞争力难以与中国抗衡。数据很好地反映了产业配套优劣导致的竞争力的差异在市场效果中得到充分的验证：在美国市场上，中国纺织品出口量大约占 30%，而且产品相对高端；而其他东南亚国家的市场总额不到 10%，多集中于低端劳动密集型产品。

第三节 最终筹码看质量

"终将逝去"的出口成本优势

"拼成本、拼价格、拼数量"的出口竞争方式越来越不合时宜。回顾历史，几乎任何一个出口大国都经历过成本优势下降的过程，中国也不会例外，我们的成本优势"终将逝去"。

一是持续上涨的劳动力成本。随着中国经济发展进入新的阶段，劳动者的权利意识越来越强。同时，通过过去 20 年连续的转移，我国农村剩余劳动力由过去几乎无限供给开始转向有限剩余。人口红利的拐点已经出现，劳动力成本持续上涨。2000—2005 年，中国工厂的工人年均工资和福利上升了 10%，而在此后的 2005—2010 年，年均工资和福利上涨 19%，呈加速上涨趋势。而同时期美国生产工人的成本仅上升 4%。从单位成本看，2002—2010 年，以美元计价的美国制造业单位劳动力成本下降了11%，而中国劳动力年均工资增加了 15%，而且，预计这种增长趋势将持续到 2015 年。

二是人民币对外升值，对内贬值。自 2005 年汇改以来，人民币累计升值超过了 34%，在不久的将来，人民币汇率可能有波动，但是仍将呈现上升趋势。IMF《2013 年第四条磋商工作人员报告》认为，人民币币值目前仍处于中度低估，低估约5%~10%。

人民币对外升值的同时，人民币国内购买力却持续下降，不断增加的外汇储备占款以及多年的货币超发，导致了国内商品价格以及资本品价格的持续上涨，这直接推高了国内企业的生产经营成本。人民币对外升值、对内贬值，唱出了一首"冰与火之歌",而我国的出口部门的成本优势将会被进一步压缩。

三是资源与环境约束加强。长期以来,我们国内资源价格市场机制一直未能发挥作用,国内资源价格被人为维持在较低的水平,不能反映稀缺程度。例如,我国是以煤炭为主要能源的国家,煤炭需求非常大,但是煤炭价格却保持在相对低位,要不然煤炭大省山西早就成了中国最富裕的省份之一了,就如出口石油致富的中东国家一样。正是因为较低的能源价格,我国的单位国内生产总值能源消耗量一直居世界前列,我国的制造业的能源开支较小。

同时,与其他国家相比,我国对破坏环境的惩治力度小,违法成本低,地方保护主义导致部分环保法规不能得到有效执行,这使许多污染环境严重的企业付出的成本代价很小,这在客观上也提高了产品的竞争力。

但是,这样的情况不可持续。随着中国资源价格改革不断深入和环保力度不断加大,资源和环境的低成本状况也在发生改变。在不久的将来,我国产业将会面临更高的资源价格,同时要付出更高的环境成本。这些都会导致我国产业的低成本优势进一步消失。

我国企业生产经营的成本不断在涨,但是我们的竞争对手却保持相对稳定,这导致中国成本优势面临"腹背受敌"的境况。

首先是美国等发达国家,他们的成本保持相对比较稳定。同时,新技术的应用使岩页气更易开发,从而促成了美国的"油气革命",使美国的资源环境成本进一步降低。美国 AlixPartners 公司(AlixPartners LLP)则称,如果人民币币值以及运输费用分别以每年 5% 的水平上升,劳工工资一年上涨 30%。那么,到 2018 年,在中国制造产品并运回美国与在美国本土制造的支出将基本相同。

其次是东南亚、南亚等国家。他们的劳动力工资显著低于中国，我国在部分行业，或者产业链部分环节的价格优势已经越来越小。

"以质取胜"升级版

目前，我国的产业集聚优势、产业配套优势集中体现在劳动密集型产品上，而核心竞争力优势最终转化成了"价格优势"而并非"质量优势"，这形成了我们前面提到的中国出口"物美、价廉、增值少"的局面。

随着成本优势"终将逝去"，我国应避免走"以价取胜"的道路，而是走"以质取胜"的道路。不仅要充分把产业集聚、产业配套完善等核心竞争力转化为价格优势，更要转化为质量优势；不仅要培育和加强纺织服装业等劳动密集型产品的产业配套能力和产业集聚，更要发展新能源、高技术、高利润、高附加值行业的产业配套与产业集聚。

因此，一方面，要加强对企业的引导，进一步完善现有产业集聚区的竞争规则与经营理念，把价格竞争转变为质量竞争。另一方面，抓住当前产业结构调整的大好机遇，引导高技术行业和战略性新兴产业发展壮大，构建和完善相关新型产业配套、合理产业区域布局，打造"升级版核心竞争力"，形成"物美、价优、增值多"的以质取胜新格局。

第九章 Chapter Nine

....

大规模产业转移短期内不会发生

　　世界第五次产业转移何时在中国上演？随着人口红利以及劳动力、土地、环境低成本优势的逐渐消失，我国部分订单开始向周边国家和地区转移，产业转移序幕已经拉开。然而有关调查显示，在跨国公司看好的前五大投资东道国中，中国力压群芳，排名第一。联合国贸易和发展会议《世界投资报告》预测，中期看，中国仍是跨国公司首选的投资目的地。其中最重要的原因是，我国综合优势仍然无与伦比，坚守中国，舍我其谁，短期内大规模产业转移还不会发生。

第一节　坚守中国，综合优势明显

二次人口红利

国民教育程度与劳动者素质明显上升。1980年，每10万人中仅有599人具有大专以上文化程度，6622人具有高中文化程度，17758人具有初中文化程度，35377人具有小学文化程度，文盲和半文盲人口占总人口的比例为25.5%。30年后，2010年每10万人中具有大学文化程度的为8950人；具有高中文化程度的上升为14032人；具有初中文化程度的上升为58788人；而具有小学文化程度的则下降为26779人；文盲率下降为4.08%。预计到2020年，中国国民的平均受教育水平将进一步大幅提高，25岁以上劳动力平均受教育年限会从8.56年提高到10.2年。

劳动者素质在过去的几十年中也获得了明显的提升。得益于产业结构不断升级过程中的"干中学"效应和跨国公司的知识、管理"溢出效应"等因素，我国高级技工、高级科研人员、高级管理人员的数目增长较快，劳动力的平均素质明显提高。

跨国公司研发中心纷纷落户中国。越来越充裕的人才供给构筑了明显的低成本研发优势，我国将会迎来"质量型人口红利"所带来的经济增长与产业升级的新10年。

外资研发中心在中国的总数在过去5年翻了一番，2012年年底达到约1800家，为什么？原因是我国的科研成本开始具有优势。跨国公司的科研在很大程度上说是纯粹的市场行为——用最少的研发投入获得最多的回报，哪个国家的人力资本最充裕、最便宜，他们就会首先考虑在哪个国家进行研发。

科研中，人力成本占很大一部分，而得益于我们充裕的高素质科研人才供给，我国在这方面的成本越来越低，这是跨国公司把科研中心转移到中国的主要原因。

近几年，虽然我国劳动力价格（例如月工资）持续上涨，但我国的"单位劳动力成本"不升反降。

与东南亚、印度相比，虽然中国劳动力价格高于对方，但是我们的单位劳动力成本却明显低于对方。换句话说，我们的工人月工资虽然高，但是我们的生产效率、工人的敬业程度、工人素质与熟练程度明显优于对方，我们工人的性价比高。据统计，2008年，我国制造业单位产出劳动力成本是巴西的13.74%、墨西哥的30.85%、印度的30.27%、印度尼西亚的78.21%、菲律宾的14.44%、泰国的62.84%。

与欧美相比，我们不论是劳动力价格还是劳动力成本，都要低于对方。虽然我国工人工资水平，尤其是东部地区的工资水平上涨较快，但是，得益于较高的性价比，我们的劳动力成本仍然相对便宜。据统计，2008年，我国制造业的单位劳动力成本仅为美国的30.35%、中国香港的48.23%、日本的31.73%、德国的19.24%、英国的25.79%、意大利的24.56%、法国的27.44%、荷兰的22.58%、韩国的22.69%、新加坡的20.07%、中国台湾的53.98%、俄罗斯的22.22%。

刚刚结束的党的十八届三中全会提出，"启动实施一方是独生子女的夫妇可生育两个孩子的政策，逐步调整完善生育政策，促进人口长期均衡发展"。消息一发布，就引起人们热议。大家普遍认为，生育政策的调整完善，将为我国赢得"第二次"人口红利。

十三亿人市场的诱惑

在全球经济一体化的大背景下，对国际资本的吸引能力在很大程度上影响这一个国家的工业发展速度和出口核心竞争力。一个经济体吸引外资能力越强，那么该经济体获得的资本、技术、管理、销售渠道就越多，相应地，该国的产业竞争能力就越强。假如 21 世纪初世界 500 强企业选择的是印度，那么今天中印经济实力和产业竞争力很可能是反过来了。

在决定选择投资目的地的时候，一个经济体的国内市场往往是重要的参考因素，在某种情况下，甚至是最重要的参考因素。瑞士 Franke 集团是世界商用厨房设备的领军者之一，其 CEO 在谈到为什么选择中国作为在亚洲的投资首选地时，他坦率承认："马来西亚的厨房设备生产能力和配套能力以及工人的性价比跟中国相比，并没有明显劣势，但是之所以选择中国是因为中国的市场太大了，真的太诱人了。正是因为我们的主要客户在中国的市场需求远远大于其他任何一个亚洲国家，所以我们选择中国。"

何止厨房设备，几乎每个行业的外资选择进入中国时，除了劳动力优势与产业配套外，中国庞大的国内市场成为他们的首要考虑因素。再举一个例子，宝马和奔驰为什么选择在中国投入巨资设厂，而不选择在汽车产业配套能力远比中国强大的韩国？最根本的因素是看中了中国巨大的市场。毕竟，在当前的历史阶段，国家之间的贸易壁垒还是客观存在的，在中国本土化生产的汽车远远比长途跋涉的进口车在价格与迎合市场能力上更胜一筹。而宝马和奔驰在中国投产之后，配套的零部件供应也越来越多地实现了本土化，街道上行驶的宝马奔驰国产化率不断提高，也反映了我国产业竞争力在不断提高。

出口行业的"战略后方"。懂军事的人都知道，有了"战略纵深"才敢于在战场上"放手进攻"。其实，国际经济竞争更是如此。国际市场与国内市场相比，要面临更多的风险：贸易摩擦、汇率风险、信用风险、市场波动、成本风险、政治风险等，任何一个环节出现问题，出口就有可能遭受比较大的波动，而国内市场相对来说不可控风险要小一些。在面临国际市场波动时，比如最近发生的国际金融危机，规模大的经济体可以通过深度挖掘国内市场，缓冲出口下滑对企业和产业竞争力造成的冲击。我国的出口遭受打击之后，许多行业可以选择"出口转内销"，开拓国内市场，保存实力，渡过难关。

然而，对于国内市场狭小的经济体，缺乏国内市场的缓冲，在面对国际经营环境恶化时，往往"前进无门，后退无路"。例如柬埔寨的成衣制造行业，近年来由于劳动力成本较低，柬埔寨从中国承接了部分成衣制造行业，2012 年柬埔寨国民收入中，成衣制造贡献率已经超过 30%。然而，国际市场一旦恶化，国内市场根本不能消化产能，诸多企业纷纷倒闭，产业竞争力迅速大幅下滑。

同时，市场规模小的经济体内也难以培育完整的产业链条，只能选择产业链中的一个或者几个环节。这往往意味着本土企业所需的机械设备、原材料需要进口。进口机械设备的维护、保养、管理所需的人力、物力成本要明显高于本土设备，而原材料的进口价格特别容易受国外的控制，在价格上缺少话语权。比如印度尼西亚的纺织行业，他们面临着机械设备陈旧、维护成本高、资金困难以及原材料价格变动较快的困境，这些问题制约着行业竞争力的进一步提升。

"规模经济"。我国的市场回旋余地大，综合竞争优势明显。在这种情况下，新技术和产业容易形成规模经济，应用新技术的成本会迅速下跌，成本下跌就可以促进产业化、商业化、规模化。现代国际竞争中，对许多行业来说，规模经济是取得竞争力的关键。而规模经济导致的"马太效应"往往会造成强者更强，弱者更弱的局面。比如前面讲到的富士康，其今天成绩的取得，原因之一就是迅速形成了规模经济——由于巨大规模使专业化分工更细、单位生产效率更高，同时巨大的零部件采购量使其定价方面话语权大大增强。

对于发展"赶超战略"的后起国家来说，要形成规模经济，离不开本国市场的强力支持。比如韩国汽车工业，虽然韩国本土市场不算大，但是韩国人"身土不二"的精神，对本国品牌的支持使从零开始的韩国汽车行业获得了第一桶金。今天韩国汽车企业在国际上的风光表现离不开创业初期本土市场的重要支持。

举一个例子，飞机制造业可以说是世界上技术含量最高、产业集成能力最强、资本投入最大的行业。波音与空客在这方面形成了绝对的统治力和垄断能力，就连战斗机制造强国俄罗斯也难以染指这块利润极其丰厚的市场。相比之下，日本的产业技术水平、配套能力不弱于欧美，但是我们却从来没有乘坐过日本产的客机。原因就是，航空制造业在发展初期需要除了资金、技术、人员的投入以外，更需要庞大的市场，波音、空客在发展初期无一例外的依赖本土市场，而日本的本土市场对本国航空制造业的支持非常有限。

我国正在进行的 C919 项目，是目前除欧美之外的为数不多的 150 座客机项目。为何我们敢于在这个日本、俄罗斯无法撬动的市场分一杯羹，尤其是在产业配套能力与装备制造业水平支撑能力还相对不足的情况下？因为我们有市场。

据统计，一架新飞机的研发投入需要 120 亿美元至 200 亿美元，而飞机的赢利点往往在 300～400 架订单之间。我国 150 座级单通道客机市场高达 3000 架左右，单单靠国内市场就完全能容纳几种机型同时开发，这在中小国家是不可能实现的。我国的国产客机计划 C919 启动以来，已经先后获得国航、东航、海航、南航、国金金融租赁等企业的 380 架订单。这样的"启动订单"就是我国发展大客机最大的保障。海外市场不可能一开始就冒险购买一个发展中国家生产的大客机，一旦我们依靠国内订单形成了规模经济、积累了口碑，我国的大飞机才有可能像当年的韩国汽车一样，做大做强，走向世界。

中国基础设施优势

基础设施是公共事业，具有正外部性。随着基础设施供应的逐渐增加，企业的生产经营成本逐渐降低。埃森哲大中华区副总裁 Mark A. Boyle 认为，中国的基础设施优势是其承接离岸服务外包的竞争力所在；中国现在 20% 的投资都用于基础设施领域，许多城市交通通信等基础设施不断完善，产业集群迅速发展，形成了较强的产业配套能力。而印度在这一方面的投资比例仅为 6%。

中国的基础设施完善。从港口、码头、高速公路、铁路、机场等交通设施，到通讯、互联网络及电力等基础设施一应俱全。来中国超过两次的外国人，尤其是分别在改革开放前后来过中国的外国人，他们对中国最多的评价中，其中一句就是"中国变化太大了"。这里的变化，主要就是基础设施方面的飞速发展。回到 20 世纪 80 年代，即使生活在北京、上海等大城市的中国人也必须忍受着在能源、公共交通、通信和外出交通上诸多不便，乘坐飞机是少数人的特权。而今天，我们的高速铁路网已经初具规模，各大城市都有比西方大城市还要现代化的高铁站、机场。

美国总统轮船公司的北亚区总裁黄光龙，这位曾在印度工作多年的人士用"无法可比，中国以光年之远遥遥领先（light years ahead）"来对比中国和印度基础设施之间的差别。光年之遥无疑是夸张的比喻，但业内人士对中国基础设施建设的首肯可以从中准确地感知到。

当然，高质量的基础设施表现为高速公路、高速铁路、城市轨道交通、电信网络、机场、深水港口以及城市公用事业等。然而，基础设施水平差异的背后更多地反映了不同政府管理能力和水平方面的差异。当前，是否能拥有高质量的基础设施成为衡量政府治理水平的重要指标。

为什么基础设施方面的巨变发生在中国而不是印度？原因就是政府治理模式，这也是构筑产业竞争力的一个重要方面。

"中国模式"的制度优势

2013 年 3 月份，习近平总书记在莫斯科国际关系学院发表"顺应时代前进潮流促进世界和平发展"的演讲，他的发言妙趣横生，其中有一句话让人印象深刻"鞋子合不合脚，自己穿了才知道。"改革开放 30 年来，我国产业核心竞争力迅速提升的重要原因，就是我们找到了一条适合自己的发展道路。不断与时俱进的"中国模式"已经成为我国产业核心竞争力的一部分。所以，尽管我们一直"摸着石头过河"，但是终于走到了"可以展望对岸的大河中间的深水区"。在今天分析产业核心竞争力时，我们更要坚定道路自信、理论自信、制度自信。

前瞻性、规划性强于其他发展中国家。中国先于东南亚诸国、印度等同样劳动力资源丰富的国家，选择了发展加工贸易这条道路，最大限度地发挥了我国劳动力比较优势，最大限度地弥补了我国资金、技术、管理、市场等方面的不足。中国认准了参加全球分工，在全球价值链上分一杯羹之后，行动迅速、坚决。在加入 WTO 过程中，面对发达国家的刁难，我们表现出令人吃惊的气度、智慧与远见。经过艰苦卓绝的谈判，2001 年中国就加入了世贸组织，紧紧抓住了这宝贵的"黄金十年"，对外贸易和经济总量一日千里。

这 10 年我国取得的骄人成绩不必多言，或许大家都已经习以为常。但是如果进行横向对比，我们会发现自己的优势。比如，曾经走在我国前面的俄罗斯直到 2011 年年底才正式加入 WTO，比中国晚了 10 年。世界产业转移的机会稍纵即逝，姗姗来迟的俄罗斯错过了。再比如，1995 年就加入 WTO 的印度，到 2011 年的出口总额仅为 2459 亿美元，仅相当于当年中国 18986 亿美元的 12.9%，而印度政府在面对国际产业转移时决策力不足、前瞻性不够，这是印度错失机遇的重要原因。

政策创新层出不穷。比如为了消除贸易壁垒，实现货物、服务、技术、资本、知识、人才的全球低成本高效流动，我国的出口加工区不断演化，开放程度与政策优惠不断升级，演变成保税港区、综合保税区，采取"二线管住、一线放开"，实行进口零部件免税，打造了"自由贸易真空环境"，有效地攻克了各种国内国际壁垒障碍。再比如中国（上海）自由贸易试验区，则是更大的创新和探索，"以改革促发展，以开放促改革"，通过制度创新带来新的改革红利，形成"可推广、可复制"的发展模式，顺应投资自由化、服务贸易等国际贸易最新发展趋势。

执行法规、政策方面高效且坚决。如出口加工区，我们在试点地区获得成功之后，马上在全国其他符合条件的地区铺开，到目前为止产业竞争力最强、出口增长最快的地区之一。

有人说，制度是第一生产力，制度经济学中更是把制度创新归结为政府职能的重要一部分。在《2010 全球制造业竞争力指数》报告中，一国的经济、贸易、金融与税务体系等政府因素在广大投资者与企业高管心目中的排名已从第四跃居为第二。政府效率尤其是贸易、金融与税务体系环境已经超越劳动力与原料成本、供应商网络、基础建设、能源成本和其他因素，成为产业竞争力中更重要的驱动因素。一个具备政策前瞻性、政策创新、政策执行力的中央政府将会继续成为我国产业竞争力的倍增器。

当然，中国模式也许并不完美。我国的产业竞争力构建方面，仍然存在诸多或明显或潜在的弊端，产业政策与经济政策确实存在继续改进完善的余地。但是"中国模式"的最大优势就是它能随时搭脉问诊、对症下药，必要时能够英雄断腕般切除弊端。因为，社会与经济的飞速发展已经使得中国治理环境发生了深刻的变化。中国领导人是受过高等教育、拥有丰富治理经验的政治家——就像跨国公司的开创者们把企业交给职业经理人一样。

实现"中国梦"的道路不会一帆风顺。中国未来仍将要面对无数的严峻挑战，然而，中华民族在历史舞台的再次崛起却是势不可挡，"中国模式"可望构成新的产业竞争优势，这是国家长治久安、产业持续升级的保障。

第二节 舍我其谁，暂无替代市场

中国制造核心竞争力——产业配套优势仍然非常明显，同时我国还存人才、市场、经营环境等诸多优势。"知己知彼，百战不殆"，那么在新兴的后起国家里面，有哪些国家最有可能跟中国形成竞争呢？他们的产业竞争力、投资环境、发展势头如何？

他们能否承接大规模产业转移，能否生产出世界需要的大量商品？

这里，我们列举了几个呼声最大的"候选人"，包括印度、巴西两个人口多、领土广、市场大的"金砖国家"，同时也选取了东南亚两个典型代表——越南和菲律宾，下面，我们逐一分析一下这几个国家，看看他们实力究竟如何。

印度华丽而无能转身

之所以称印度为"佳丽"，因为印度很多方面的确"看上去很美"。

印度是四大文明古国之一，曾经创造过灿烂的文明。同时印度是当今世界第二人口大国，按照现在的发展趋势，在不久的将来人口总量很快会超过中国。快速增长的人口数目给印度经济带来两个好处。

首先，庞大的潜在市场，这使印度有机会成为令无数跨国公司垂涎的第二个中国。因为，庞大的国内市场对培育国内产业竞争力非常重要。其次，印度的人口年龄非常轻，人口中位年龄只有 25 岁，比中国的 34.5 岁小 10 岁，可谓"妙龄"，这为印度带来巨大的人口红利。

当然，除了人口优势，印度最引以为豪的还是其所谓的"依托民主政治构建的现代商业制度"。如今的印度，在经济快速发展的同时已经成为世界软件业出口的新兴力量，金融、科研、技术服务等方面也成为全球重要出口国。其中，IT、服务贸易、金融、制药等高端产业集聚，汇聚大量高端人才的班加罗尔国际科技园成为印度佳丽头上最耀眼的"明珠"。

那么，这样一位妙龄佳丽，远看如花如画，近看又如何呢？其出口核心竞争力究竟如何？能不能顺利承接中国的产业转移？

我们认为，在未来一段时间内，印度很难获得能与中国匹敌的产业竞争力，尚不能承接中国大规模的产业转移。主要理由有：

亟待提升的基础设施。百度一下"印度铁路"，很容易发现一张张严重超载、缓慢爬行的火车图片。据统计，2007—2012 期间，平均时速不到 80 公里的铁路发生无数次事故，总共造成 1200 人死亡，从孟买到新德里不到 1100 公里的路程，火车运行需要足足 25 小时。印度饮用水和环境卫生部长贾伊拉姆·拉梅什公开称印度铁路系统为全球"最大露天厕所"，并坦言印度随地大小便占世界 60%。法新社报道，这个拒绝实行计划生育、人口 12 亿余的国家中大约 1.3 亿户家庭没有厕所。2012 年 7 月，印度发生 11 年来最严重的断电事故，全国超过一半地区、约 6.2 亿人无电可用，受影响人数超过欧盟国家人口总和、美国人口的两倍。这是印度十余年来最严重、也是全球历来最大规模的停电事故。铁路只是印度落后的基础设施的一个缩影，除此之外，印度在公路运输、港口、电信网、互联网等方面建设也严重不足。同时，落后的行政效率、复杂的劳工法律、纵横交错的地区利益使基础设施建设举步维艰。

低下的行政效率。虽然名义上是"民主国家"，并因此赢得了西方媒体的追捧，但是印度政府的腐败程度、行政效率却成为"扶不起来的阿斗"。根据透明国际（Transparency International）的报告，印度政府的廉洁指数进一步下降，在世界 176 个国家中排名第 94 位，落后于排名第 75 名的中国。同时印度行政机构的办事低效率、高额税收水平令诸多跨国公司望而却步。

印度所谓的"现代民主制"经常陷入无穷无尽的政党斗争和低效决策中，政治权力成为高种姓的特权。在政府投资的项目中，腐败现象更是令人咋舌。据统计，每 1 亿卢布的政府投资，往往有 7000 万卢比落入私人口袋，真正落实到项目上的不到 3000 万卢比，这使本来就捉襟见肘的印度财政压力加大，严重制约了基础设施的建设完善。过去 20 年，印度多次发生官员向伪装成国际客商的记者索贿而被偷拍的事情。2010 年，印度发生史上最严重的腐败丑闻，电信部长拉贾在手机 2G 牌照的发放中受贿，涉案金额高达 310 亿美元。

根深蒂固的种姓制度。在现代文明下，印度延续几千年的种姓制度不仅没有消失，反而以另一种形势固化在人们思维中。因为种姓制度的影响，印度人并没有非常强烈的改变命运的动力，使部分人民对各种不幸遭遇习以为常，这种乐天知命的精神，确实有利于保持社会稳定，但从另一方面讲也是一种纵容，让一些不好的东西旷日持久地得不到改变。

同时，印度的种姓制度与现代化大生产格格不入。现代化大生产需要大规模的厂房，组织大量工人同时生产，但是，根据传统印度不同种族之间不能从事相同的工作。因此，在劳动力资源丰厚的印度投资设厂，却往往要面对难以大量招工的困境，印度的种姓制度将社会人口割裂开来，这在中国是难以想象的。另外，不同的高等种姓控制着不同的地区，除了在政治选举中相互角力以外，也严重制约了印度统一大市场的形成。每年因种姓制度的犯罪层出不穷，国内恐怖主义活动时有发生，这样的社会环境，严重阻碍了外商投资的进入。

并不便宜的劳动力。印度劳动力存在很多结构性问题，虽然绝对工资比中国低，综合算起来，印度的劳动力性价比不如中国。

一是工人素质低。目前印度文盲达 3.5 亿人，熟练工人、制造业所需的高级技术和管理人员严重不足，这是近年来印度不能承接制造业转移，只能依赖大量低端服务业的重要原因。

二是印度工人效率低，不及中国工人效率的一半。由于文化、习惯、宗教信仰和劳动保护限制等多种原因，大多印度员工不愿意加班。

三是员工对企业的忠诚度不高，人员流动性较大，增加了企业的管理和培训成本。

四是劳工法的低效率。印度的劳工法是世界上最严厉的劳工法之一，以至于印度企业基本上无法解雇任何一名员工。这就意味着，企业即使在扩张期也不愿意雇用大量的劳动力。

所以，尽管印度名义上劳动人口多于中国，由于种姓制度以及劳工法导致的潜在成本却明显高于中国，使印度难以享受到人口红利。

糟糕的宏观经济。2012 年印度的国民生产总值为 1.8 万亿美元，人均国内生产总值不到 1500 美元，仅相当于中国的 1/4。除了经济总量以及增速难以与中国相比，其失衡的经济结构更是严重。

印度经济长时间面对贸易逆差与财政收入"双赤字"的困扰。2013 年印度贸易逆差创阶段性新高，2012/2013 财年财政赤字占国内生产总值比重更是达到 5.2%，这不仅严重挤压了财政政策刺激空间，更加重了资本外流对宏观经济可能的冲击。低迷的经济增长、糟糕的公共财政状况、居高不下的通胀、长期的贸易逆差使印度卢比在过去的 2012 年下跌了 20%，沦为亚洲表现最差的货币。

鉴于此，印度的主权评级目前正处于评级机构标普和惠誉"展望负面"名单之上，两者对印度的主权评级均为 BBB-，已经是投资级别的最低评级。曾成功投资"脸谱"社交网络公司的美国知名风险投资公司（Accel Partners），已宣布暂停一项针对印度市场的 4 亿美元投资增长基金计划，其理由是当前印度市场条件不佳，同时私人股本投资者在印度市场的竞争也日益激烈。

失衡的经济结构。作为发展中国家，印度第三产业的比重却非常高。服务业占国内生产总值的比重从 1980 年的 40% 上升到 2012 年的 58%，明显超过同年中国的 45%。服务业占比在正常情况下是越高越好，但是经济发展阶段明显落后于中国的印度却不是什么好事情。

印度服务业比重高，首先，工业制造业水平低造成的，印度产业明显缺乏承接产业转移的相关配套设施。其次，印度的服务业集中在金融、IT 外包、医疗等相对高端的行业，这些部门吸纳就业的能力极为有限。就业市场的不发达导致印度国民收入增长缓慢，进一步制约了印度国内消费水平的提升。国内市场的低迷不振也是印度吸引国际直接投资（FDI）增长缓慢的重要原因。

巴西禀赋好却很无奈

巴西是拉丁美洲最大的国家，拥有辽阔的农田和广袤的雨林，国内生产总值位居南美洲第一，世界第七，同时巴西是当今金砖国家之一。巴西还是一个资源丰富的国家。已探明铁矿砂储量 333 亿吨，占世界总储量 9.8%，居世界第五位；29 种矿物储量丰富，镍储量占世界总储量 98%，锰、铝矾土、铅、锡等多种金属储量占世界总储量的 10% 以上。铌矿储量已探明 455.9 万吨，按当前消费量够全球使用 800 年。此外还有较丰富的铬矿、黄金矿和石棉矿。2007 年以来，巴西在东南沿海相继发现大油气田，预计石油储量将超过 500 亿桶，有望进入世界十大石油国之列。森林覆盖率达 57%。木材储量 658 亿立方米。水力资源丰富，拥有世界 18% 的淡水，人均淡水拥有量 29000 立方米，水利蕴藏量达 1.43 亿千瓦/年。

高速发展的经济、较高的人均收入、广阔的市场，以及丰富的资源使巴西成为新兴国家中的亮点，尤其是在巴西先后成功申办奥运会和世界杯之后，巴西更成为世界舆论的一个新热点。那么，巴西的产业竞争力如何？在目前中国擅长的产业领域里面，巴西能不能构成强大的竞争对手？下一轮产业转移会不会转移到这个南美洲大陆人口最多、面积最大、经济总量最高的发展中国家？

我们认为，巴西要从中国承接产业转移，很难。单单从巴西对 FDI 的吸引就能看出，巴西经济想要腾飞，还有很长的路要走。据巴西央行数据显示，2012 年上半年巴西吸收的外资总额比2011 年同期减少了 42%。我们这里总结了几方面制约巴西进一步发展、严重影响巴西竞争力的因素。看完之后，相信读者会有这样的感叹：巴西人还是比较擅长踢球和跳桑巴吧！

高昂的综合成本。

第一是高工资，巴西人的"出场费"要远比中国工人高。2011 年 11 月，巴西总统罗塞夫签署法令，决定从 2012 年起将全国最低工资标准提升 14%，月工资从 293 美元提升到 334 美元。按照目前趋势，巴西最低工资标准有可能在 2015 年突破 430 美元。与中国相比，我国的最低工资标准在 2012 年维持在 150～220 美元左右（不同省份不同）。

据统计，巴西共有 4000 万基层劳动者和退休人员将直接受惠于工资标准的提升。当然，享受生活就要承担代价，巴西最低工资的持续提高，已经显著高于已经发展到工业化中后期的中国，这在很大程度上制约了巴西制造业竞争力的提升。

第二是工人的高福利与低效率。工资水平高仅仅是开始，而工人素质不高带来的影响却更加致命。巴西人性格优点很多，"桑巴与足球"是热情奔放的拉丁人的代名词，然而，勤劳与踏实却明显不是巴西人所擅长的。据统计，巴西员工的工作效率不及亚洲国家的一半，相当于中国工人的 1/3。

所以，有人说，"桑巴和足球才是巴西人的最爱。"当然，后一句可能更现实"辛勤工作不是我们喜欢的事情。"非常奇怪的是，巴西的税收收入如此之高，但是用于基础设施建设的投入却少之又少。我们中国人讲究"要想富，先修路"，但是巴西人的税收大概都用来享受生活了。

第三是繁重的税收。为了维持相对较高的社会福利，维持较高的税率是唯一的选择。巴西是南美税收较重的国家之一，税种约有 58 种之多，远高于美国，是墨西哥税收的 2 倍。巴西税收也极其复杂，按照行政划分为联邦税、州税、市税三级，其缴纳比例分别为 63.5%、23.5% 和 13%。此外企业还要缴纳各种社会性开支，税收约占企业净利润的 30%。

目前巴西的税收占其国内生产总值的 36%，远高于其他发展中国家。同时，繁琐的交税过程让企业经营者苦恼不已，并造成了额外的经营成本。正是由于居高不下的要素成本，使巴西在世界银行公布的经商环境报告中，巴西在 183 个国家中，排名第 126 位。

低效能的政府。据经合组织（OECD）数据显示，在巴西新建一家企业的时间约为 120 天，而 OECD 国家的平均水平仅为两周。在巴西，一家公司如果要完成所有的交税事务需要消耗 2600 小时（即整整 108 天），可谓世界之最。巴西的政府结构被外界戏称成为"Bureaucracy Jungle（官僚丛林）"，复杂的如网状的审批机构设置常常会让投资者不知所措。

在巴西如果注册一个公司所涉及的政府机构可能有 20～30 个之多。在官僚体制之下，腐败问题也随之而来。2011 年，罗塞夫政府共有 564 名公务员因腐败而被免职，平均每天至少 1 名。巴西圣保罗工业协会表示，在过去 10 年，巴西官员累计贪污了

4000 亿美元。

　　陈旧的基础设施。用一句话总结巴西的基础设施，那就是"连印度都不如"。世界经济论坛在最新的世界基础设施排行榜中，将巴西的基础设施质量在 142 个主要国家中排在了第 104 位。巴西在金砖五国中排名最为靠后，甚至远远落后于以交通混乱著称的印度（排名 86 位）。

　　我们可以从巴西最繁华的里约市的机场公路略见一斑：从机场进入里约市中心不到 80 公里的路程需要近 3 个小时，每小时的速度差不多是 25 公里。如果一个国家最繁华城市最核心的首都高速公路都是这个情况，那么这个国家的公路建设实在是难以让人恭维。据统计，巴西只有 14% 的道路获得了投资建设，剩余巨大的道路投资缺口迟迟得不到满足。

　　公路建设严重滞后，铁路更是"老掉牙"。破旧的巴西公路网毕竟承担了本国 70% 的运输量，相比之下，巴西铁路的运输能力仅占全国运输总量的 19%，平均时速仅为 25 公里，远远低于全球的平均时速 75 公里。2009 年，巴西的运输成本占其国内生产总值的 13%，比美国还高出 5 个百分点。从巴西港口出口一个集装箱的成本是中国的 2 倍以上，印度的 1.5 倍以上。

　　即便是巴西各界都意识到基础设施对经济发展的严重制约，但是财政捉襟见肘的巴西政府的的确确是无能为力。尤其是最近几年由于欧债危机，巴西经济下滑，巴西政府原来规划的基础设施建设项目，现在只能把希望寄托在私人投资者手里。

　　脆弱的经济结构。跟上面提到的印度一样，巴西也面临着出口赤字之扰。巴西发展和对外贸易部最新数据显示，2013 年前 5 个月贸易赤字累计达到 53.9 亿美元，创有记录以来的最高水平。这样的数据如果放在欧洲国家或者美国，可能比较正常。但是放在外汇储备严重不足、仍然处于经济初步发展阶段的巴西是一个非常严重的经济困境。巴西的出口中原材料、能源、资源等初级产品的比重非常大，2011 年达到 62%。初级产品的价格非常敏感，受国际经济的影响较大，因而巴西经济受国际市场波动非常明显。欧盟、美国等主要市场的经济疲软将会直接影响巴西经济的增长。

同时，巴西国内其他行业尤其是制造业的实力严重不足，经济结构非常脆弱。如果巴西不能改变国内产业竞争力低下的现状，在未来承接中国产业转移或者与中国进行竞争中将不会有大作为。

混乱的社会治安。2010 年，联合国发布的一项研究报告表明，巴西每年有 4 万人死于暴力活动，是全球暴力致死率第二高的国家。巴西公民可以合法持有枪支，但非法持枪者不计其数。巴西混乱的社会治安情况也迫使投资者需要支付额外的安保费用，进一步增加了企业运营成本，也成为投资者投资巴西时不得不考虑的"隐形成本"。同时，贫富分化使巴西社会仇富心理相对比较强，这也是想把产业转移到巴西的经理人不得不考虑的问题。

"没有什么事情比恐怖主义和混乱的社会治安更能吓跑投资人了"，如果巴西的治安问题得不到解决，进一步吸引国外投资，提高承接产业转移能力可能永远只能是遥远的梦想。

越南仿效而相差千里

每每提起中国的产业转移，或者每每提起中国国内劳动力成本上涨，越南总被人们拿来跟中国对比。比如我们在分析订单转移、"成本候鸟"的时候，"越南的劳动力成本只有中国的一半"，"越南超越中国成为耐克鞋最大的生产国。"读者读后容易产生"虽然现在中国风头正劲，但是会不会被越南超越"的疑问。毕竟，在所有的东南亚国家中，甚至所有的亚洲国家中，越南跟我国的相同点太多了，除了历史渊源、政治地缘导致的文化相通外，中越两国同样是为数不多社会主义国家，都在进行改革开放，都在发展出口导向型经济。那么，在出口部门的产业竞争力方面，越南的现状、前景如何？

用一句话概括就越南就是"五脏不全的麻雀"。"麻雀"是指越南的小，而"五脏不全"，是指越南的产业结构不完善，从长远看很难形成与中国全方位的竞争。

狭小的市场规模。"人少、民穷、物价高"。越南人口8800万人，规模仅相当于我国四川省。2011年国内生产总值约为1400亿美元，这是个什么概念？同年中国的国内生产总值为7.3万亿美元，越南仅相当于中国的2%。这个经济总量大约相当于广东省的1/6，山东省的1/4，其规模在中国省市排名中，仅处于中下游，与广西、江西、黑龙江等省份差不多。同时，越南的人均国内生产总值约为1500美元，仅为中国的27%。鉴于中国的经济增速仍然高于越南，中越两国的差距还在继续扩大。

不算多的人口，较小的国内生产总值总量以及较低的人均国内生产总值导致越南的国内市场非常狭小。越南也面临着收入分配体制的问题，实际贫富分化水平比中国还要严重。同时，由于越南经济规模比较小，而且对外依赖比较大，导致越南受输入性通货膨胀的影响也较大，国内物价水平也"紧跟世界潮流"。到过越南的人都吃惊于越南的高物价。一份快餐10元钱，汤面一碗10多元，家庭用电每度约为0.7元，汽油价格每升也是7元多人民币。除了日常消费品，家电、汽车价格也要高于我国。在相同情况下，低收入、高物价制约了越南国内市场的发展。狭小的市场使越南经济发展缺乏"战略纵深"。因为投资者在进行产业转移时，对象国的潜在市场是重要的考虑因素。如果一个国家国内基本上没有消费能力的话，即便选择，这个国家可能仅仅只承担较低层次的生产加工，产品还是需要出口销售到其他国家去。

"行将就木"的宏观经济。"疯狂印钱与地产泡沫"。越南的经济是非常明显的"信贷驱动型"，信贷增长率高得令人咂舌，曾经连续几年都在30%以上。说白了就是政府通过无休止的印钱来推动经济增长。虽然越南政府不断调高利率来冷却信贷狂潮，但决心与力度远远不够。同时，特殊的"越南国情"造成不透明，更让外界对越南银行系统的真实情况充满了怀疑。比如，越南的银行自称坏账占未偿贷款的比例为4.5%左右，但越南央行的估计高达8.75%。再如，越南政府透露2012年信贷增速为6.45%，但是IMF数据却为14%，2011年为32%。穆迪公司在2012年9月份下调了越南信用评级，因为"银行系统非常脆弱"，而银行资本重组成本很高。世界银行当月也表示，虽然越南政府称已经让银行躲避了风险，但人们对其银行业越来越感到担忧。

银行系统疯狂印钞不算完，关键是资金流向出现了巨大的问题，资金都流向了房地产市场和效率低下的国有企业。截至2012年8月，房地产贷款达到了97亿美元（203万亿越南盾），占国内生产总值10%。然而，与中国相对坚挺、调控严格的房地产市场不同，越南房地产市场过于脆弱，如果房地产泡沫破灭将会导致银行坏账"一日千里"，官方公布的坏账率是6.6%，惠誉国际认为这个数字仅仅是真实坏账的1/3。

由于实体经济竞争力较弱，国有企业效率低下。大量的货币发行伴随着输入型通货膨胀，一起推高了越南的物价水平尤其是资产价格水平。实体经济苦不堪言，毫无活力，更难称得上有竞争力。越南《人民公安报》援引河内人民委员会的数据称，2012年共有5.8万家企业亏损，占企业总数的71%，到底越南的经济情况怎么样，或许只有亲自在越南投资设厂的老板们才知道。

快速上涨的用工成本。越南工人工资比中国便宜？是的，越南的收入比国内要低很多，临时工月收入约合人民币700元，公务员收入1000元出头，普通工人收入1300元人民币，外资白领工资为1500元，技术工工资大约2000元。但正如老话说的"便宜无好货"，越南的劳动力，便宜的仅仅是工资，其他方面，跟中国没法相比。

首先是罢工情况频繁。据投资越南的中方企业经理人介绍，当前在越南"罢工已经成为习惯"。每次罢工工厂都会面临巨大损失，长期积累下来就是一笔巨大的额外开支。越南新闻报纸长篇累牍报道外资企业是"血汗工厂"，社会对"资本家"的评价一直很低。由于近年来越南通货膨胀居高不下，国内物价飞涨，导致工人生活水平下降很快，于是罢工、涨薪成为"无奈的选择"。

其次，是劳动者素质，越南工人的敬业精神普遍不高，受教育程度较低，大部分都是经历短暂培训之后直接上岗。频繁的跳槽、换工作导致具有长期工作经验的技术性工人数目很少，这严重制约了越南产业向更高层次转型升级。

再次，捉襟见肘的劳动力存量。中国出现过"用工荒"，但这种现象今天的越南也正在发生。由于越南人口基数小，适龄劳动力总量远比中国小，因此越南的用工荒往往来得更急。据一些在越南投资设厂的中国企业主反映，在越南经营最困难的问题不是配套、市场，而是缺工人。

看不到未来的基础设施建设。"缺路、缺电、更缺钱"。跟前面讲到的印度、巴西一样，越南的基础设施也存在"巨大的提升空间"。我国的高速公路、高速铁路、深水码头等一系列基础设施的完善，大家觉得是理所当然、水到渠成的事情，但是放眼世界，还真不是这样子。

看一下越南发展基础设施的艰辛吧。越南的基础设施建设要面对本国山地较多、植被茂密以及暴雨频繁造成的成本较高的困难，同时，宏观经济疲软导致的财政拮据也使基础设施建设缺乏资金支持。"祸不单行"的是，越南还面临拆迁困难。越南土地拆迁费用普遍较高，以市区道路改造为例，赔偿款约占项目总投资的90%。开发商与拆迁户因征地问题而矛盾激化的现象屡见不鲜，越南版本的"强拆"的故事天天上演，不少项目包括国家重点建设项目因征地困难而延误工期。以河内市为例，二环公路、日新桥和骆龙君路等项目立项已近十年，迄今仍停留在纸上。

除了道路交通，越南的电力供应同样让投资者、本国企业头疼。据越南官员透漏，目前越南每年的电力缺口仍然高达3%，一些省份的电力缺口高达10%，电力缺口哪怕只有1%都会严重影响企业的正常运转。当然，官方的数据往往"要比现实更美好一点"。

目前为止，越南每年具体的电力需求是多少至今仍是"重大机密"，因为越南的电力供应在很大程度上依赖中国，他们害怕中国涨价。这就形成了，在南海问题上制造声势、政治上防范中国，但经济上、能源供给上依赖中国的"纠结"局面。电力紧缺的局面在未来也看不到缓解的迹象，根据越南现行电力项目投资和建设进度，现在到2013年几乎没有新建电厂并网发电，而国内的电力需求却不断上涨，预计电力缺乏会更加严重。

脆弱的产业结构。"过度依赖进口"。越南的出口产品类别，以劳动密集型产品、资源类产品为主，国内产业结构相对单一，产业配套跟不上。2011年越南进出口额约为2020亿美元，与仅仅1400亿美元的国内生产总值，外贸依存高达170%。其中出口960亿美元，而进口1060亿美元。庞大的进口总量以及贸易逆差能说明很多问题，其中之一就是越南产业结构单一，不能为本国的相关制造业提供配套。以塑料行业为例，越南塑料行业的原材料90%需要进口，最关键的PP塑料几乎要100%进口，这就造成了物流成本高、货物周转慢的致命缺陷。越南的高技术尤其是电子产品出口增长很快，但是，电子设备的原料、零部件、生产设备甚至技术人员全部依赖进口，在越南仅仅是进行简单的组装。这样高度依赖外资，尤其是韩国三星的本国电子制造行业结构单一，风险巨大。如果本国企业不能为电子行业提供配套、零部件、市场、技术人员，那么越南的相关行业可能难以走出低端组装的环节。

低效的政府。"纠结、形式主义和能力欠缺"。从某种程度上讲，前面分析的宏观经济表现不佳、基础设施建设不力、产业结构相对单一等越南承接产业转移方面的重大不足都与低效能的政府密不可分。在越南经营的外资企业普遍面临着行政手续繁荣复杂、经济政策朝令夕改、政策优惠力度不足等难题，但这也仅仅是表象，其深层次原因是：

一是"纠结的主流意识"。作为社会主义国家的越南，虽然学习中国走上改革开放的道路，但是开放步伐并不坚决，政府缺少高瞻远瞩的政治领袖凝聚社会各界力量，没有理顺各种思潮理念。社会意识中仍然存在对"资本主义"的警惕与敌视，这让在越南投资设厂的西方公司感觉"自己好像被人盯着"。

二是"完美的形式主义"。越南一个普遍现象就是"有法不依"，表面工作做得很好，立法积极，但遵守法律非常差。很多法律看起来制定得非常完美，但是根本没有考虑可操作性，因为政策制定者的目的，往往是平息社会舆论压力，根本没打算要实行。政府透明度貌似很高，但是实际公布的数据往往与现实情况出入较大。诸多因素加在一起，长此以往，造成政府信用表现一直不佳。

三是"实实在在的能力欠缺"。意识形态方面的问题是主观的，但是执政方面的能力欠缺则是实实在在客观存在的。越南政府缺乏经济管理的经验，这是越南货币超发、严重通胀、经济失衡的重要原因。越南的金融业也不遵守规则，它们目前的困境并不出人意料。

菲律宾故步自封错失良机

菲律宾是美国历史上唯一的殖民地，在文化认同、历史渊源、经济政治联系上美菲关系非同一般。第二次世界大战期间在太平洋战场上美军为解放菲律宾可谓损失巨大，无数海军陆战队员牺牲在菲律宾的热带岛屿上。正所谓"投入越多，爱得越深"，第二次世界大战结束之后，美国对菲律宾给予了"特别关照"。在美国的援助之下，菲律宾经历过辉煌岁月。菲律宾继承了美国的所有"先进制度"，从议会、民选总统、三权分立、民营经济，无一不照搬。20世纪五六十年代，在美国的援助下，菲律宾已经是亚洲经济发展最强劲的国家之一。1960年菲律宾人均国内生产总值是254美元，同年韩国只有156美元、泰国只有97美元。正是如此，菲律宾在国际上被许多经济学家看好，被认为是继日本之后亚洲的另一个经济"奇迹"。"山姆大叔"对菲律宾的期望非常高。那么有了"山姆大叔"的支持与庇护，菲律宾今天在产业竞争力上如何？尤其是在承接中国的产业转移方面前景如何？

事实上，与中国相比，在具有劳动力成本优势的东南亚国家里面，印度尼西亚、柬埔寨、越南都难以与中国进行全面的竞争，难以大范围承接中国的产业转移。菲律宾拥有一切东南亚国家的缺点，诸如市场狭小、产业结构单一、基础设施落后、产业配套不齐全、技术工人缺乏、金融系统脆弱。同时，菲律宾还有两个致命弱点：

混乱动荡、腐败低效的政治局势。在透明国际的清廉国家排行中，菲律宾总是稳稳地排在 100 名开外，甚至还不如许多非洲国家。其前总统埃斯特拉达被透明国际列入"世界最贪污元首名单"。事实上，自 1986 年马科斯下台之后，菲律宾的政局动荡从来没有结束过。埃斯特拉达之后的历任总统则是不断遭到社会各界的质疑。对于普通老百姓而言，"兵变"、"人民力量"、"恐怖分子"早已经司空见惯、习以为常。

除了政府内部的政治斗争，菲律宾的社会治安问题也相当严重。各种各样的武装势力恐怖分子遍地开花。宾棉兰老岛有穆斯林武装恐怖组织，吕宋岛北部有菲共游击队，南部的家族与帮派实力非常强大，拥有私人武装力量，相互之间打杀不断，首都马尼拉时有爆炸、绑架、抢劫、盗窃等刑事案件发生。2009 年，菲律宾南部马京达瑙省发生人质劫持事件，有包括布卢安镇镇长埃斯梅尔·曼古达达图的夫人在内的 51 名人质被虐杀，其中 34 名记者。这样的恶性事件震惊了全世界，但是菲律宾人自己却不以为然，因为他们对一切早已习以为常了。

菲律宾的政府军事力量薄弱，军队和警察力量根本无法控制各支武装力量，甚至连一般的刑事案件都难以解决，这造成的局面就是谁的枪多谁的力量就大。2010 年香港游客在菲律宾被劫持事件成为我国永远的痛，而 8 名无辜游客死亡的最主要原因就是菲律宾警察装备落后，训练不力，不具备哪怕最基本的反恐技能，因此采取最为愚蠢的方式莽撞营救人质。2013 年，马来西亚突然遭到菲律宾的"入侵"，一百多名武装分子试图攻占马来西亚的沙巴州。面对这样让人莫名其妙入侵，菲律宾总统阿基诺三世虽"要求"武装分子"立即投降、放下武器"，但实际上政府对武装分子没有控制力。而最近发生的袭击台湾渔船事件中，菲律宾各界表现出来的口径不一、前后矛盾，更说明了这个国家在体制机制方面存在的巨大混乱和漏洞。

在错综复杂的政治斗争背景下，任何企业，当然也包括外资企业，都必须小心翼翼，稍不留神就会卷入当地政治斗争，成为牺牲品。企业在"社会关系"方面投入的精力、资金成为额外的负担。在这样的不安定环境中，想要承接产业转移，几乎是不可能的事情。

奇葩般的"进口替代战略"。前面讲到菲律宾在1960年左右经济发展势头迅猛，超越亚洲大多数国家。然而导致菲律宾当前经济窘境的重要原因就是菲律宾选择了错误的"进口替代战略"。

"进口替代策略"说到底就是关起国门，扶植本国企业，保护民族工业免于遭受国外强劲竞争对手的冲击。该战略在本国产业发展初期，确实能够保护本国幼稚的产业。事实上，菲律宾在20世纪60年代经济方面取得的成就与进口替代战略密不可分。但是当一个国家产业发展到一定程度，过度保护反而会抑制产业竞争力的增长。一般而言，在这个时候应该大胆地敞开国门，与狼共舞，激励本土企业的发展。从某种意义上说，培育本国产业跟培养儿童一样，幼儿期要全方位呵护，但是一定年龄之后要舍得拉出去锻炼。

但是菲律宾在培养自己的产业时，就犯了过度呵护的错误。即便是面对非常优良的国际政治关系环境，菲律宾仍然选择关起国门，以政策、金融"输血"保护本土企业，以损害消费者利益补贴一部分本国生产者，指望这些在"温室"里成长的企业能成长起来。但实际上，跟世界上几乎所有"进口替代战略"的国家一样，菲律宾的国内产业并不争气。国内垄断的企业家开始勾结政客，形成官商联盟，垄断企业获得了大量资金、政策支持，阻碍了市场竞争，加剧社会腐败，最终埋单的是广大消费者和产业竞争能力。这样做的一个巨大机会成本就是菲律宾一次又一次地错过了承接国际产业转移，当日本、韩国、中国香港、中国台湾、中国内地等纷纷后来居上时，菲律宾仍然在"原地踏步"。

当意识到错失承接国际产业转移的机会之后，菲律宾也适时地颁布引进外资投资法令，也设立出口加工区以图吸引外商投资。然而，在多年保护伞下生活滋润的垄断企业不愿意放弃既得利益，菲律宾的政治权力本来早就掌握在垄断企业扶持的政客手中。在这种情形下，菲律宾的开放很难做到"英雄断腕"，结果是所谓的开放变成了"利用外国贷款"，而不是吸引 FDI 提高国内产业竞争力。不出意料，这些国外贷款最终通过工业项目、旅游设施建设等流入了拥有开发权的垄断企业的腰包。

暂无国家能取代中国

通过上面的分析，我们看到，不管是印度、巴西等金砖国家，还是越南、菲律宾等东南亚国家，尚没有像中国这样的经济体能够承接由中国转出的产业。从客观上说，这些国家面临的产业配套不完善、基础设施落后、行政效率低下等客观条件，制约着本国产业竞争力和产业承接能力的提升。同时，从国际投资者方面分析，国际产业资本也不会轻易将在中国的产业转移到这些国家。

另外，中国内地幅员辽阔、地区之间发展差距很大。中国的中西部成为我国的战略纵深，不仅提供了潜在的新市场，更提供了结构调整的余地，这也决定了中国与当年的亚洲"四小龙"在产业转移上的路径不会完全一样，因为在同样的条件下，我们会优先把产业梯次转移到中西部，而不是国外。

事实也是如此。目前，从中国向东南亚国家的产业转移，还没有像上一轮"四小龙"向中国内地转移那样形成潮流。所谓的产业转移，仅仅是集中在极少数劳动密集型产业的某个环节。比如孟加拉国承接了部分成衣制造，越南承接了部分低端电子产品的组装。但是，涉及整条产业链的全面转移的情况仍然非常罕见。从短期看，我国大规模产业转移尚不会发生。

第三节　产业转移，还看第五波

史上四次产业转移

第一次，英国向欧洲大陆与美国的产业转移。率先完成工业革命的英国，在 18 世纪末 19 世纪上半叶，开始往欧洲大陆的法国、德国、奥地利和美国转移。其中，美国作为一个新兴国家，是这次国际产业转移的最大受益国。作为英国的殖民地，美国不仅有良好的自然条件和资源条件，更拥有劳动力供给充分、土地面积大、能源价格低廉等一系列成本优势。同时英美文化同根，血脉相连，即便在独立战争之后美国与英国仍然"剪不断理还乱"。以当时重要的重工业——造铁行业为例，到 18 世纪 70 年代美国独立战争前，英国在北美殖民地上大约建造了 200 个造铁厂，年产铁约 3 万吨。正是承接了来自英国的国际产业转移，才推动了美国工业的迅速发展，并在 19 世纪末一跃成为世界第一大工业强国。英国产业资本对更低成本和更广阔市场的追求，成为第一次产业转移的原因，产业转移的结果是美国取代英国成为第二个"世界工厂"。

第二次，美国向日本与德国的产业转移。第二次世界大战结束后的 20 世纪 50 年代，第三次科技革命发生在美国，集成电路、精密机械、精细化工、家电、汽车成为在美国经济中所占比重越来越大，成为发展最快、利润最高、前景最好、污染更小的行业。新兴行业的兴起带动了国内劳动力等一系列成本的上涨，美国国内的许多传统行业，包括钢铁、纺织、化工的比较优势开始减弱。美国这些传统行业为追求更低成本，开始向国外转移。而当时最合适的国家就是日本和德国，因为这两个国家的劳动力素质非常高且劳动力价格低廉，同时也符合当时冷战背景下的美国国家战略利益。最后，德国和日本在承接产业转移、和平红利、美国援助、战争订单等多重利好下，经济高速发展，先后创造了东西方两个经济"奇迹"。

第三次，日本向"四小龙"的产业转移。20世纪70年代到80年代，日本成为第三次国际产业转移主要的产业输出国，而就近的亚洲"四小龙"近水楼台先得月，成为这次国际产业转移的主要承接地。日本产业转移的主要目的是进一步国内调整产业结构、追逐东亚新兴经济体的成本优势、为本国产业开辟海外市场。小岛清的"雁行模型"成为日本进行产业转移的理论依据，日本在20年的时间内，先后以轻纺为代表的劳动密集型产业，以化工、造船、钢铁为代表的资本密集型产业和以汽车、电子为代表的资本兼技术密集型产业先后转移到"四小龙"。曾经一度，日本按照当初设想的一样，处于日本——"四小龙"——中国的"雁阵"的"雁首"位置。同时，客观上催生了亚洲"四小龙"的经济发展奇迹。

第四次，中国大陆成为国际产业转移的最主要承接地。20世纪90年代以后，进一步改革开放的中国成为国际产业转移最理想的目的地。这次产业转移不仅来自日本，而且有来自亚洲"四小龙"，还有美国和欧洲的。其中，在第三次产业转移中兴起的"四小龙"，在经济发展中很快就陷入国内市场需求不足、生产要素成本上涨以及资源环境约束增强的困境，而中国大陆成为他们解决上述问题的最好选择。同时，中国大陆还吸引了日本、美国和欧洲的大量投资，中国大陆的制造业得到迅速发展。从某种意义上说，正是中国改革开放迅速抓住了承接第四次国际产业转移的难得机遇，才奠定了中国作为世界制造大国的地位。

历史机遇眷顾谁？

回顾历史上曾经发生的四次产业转移，都无一例外地对世界经济政治格局产生了重要影响。

英国对美国进行产业转移时，可能没有想到，昔日的殖民地最终脱离了"日不落帝国"的版图，并成为英国世界霸主地位的头号挑战者。美国对德国与日本进行产业转移时，也不曾预料到后来德国制造会成为世界第一，日本产品会横扫美国市场，成为冲击美国的最主要竞争对手。日本对"四小龙"进行产业转移时，没有意料到自己永远失去了世界造船头号大国的地位，曾经不起眼的韩国三星发展成为规模超过松下、索尼等日本品牌的成功企业。亚洲"四小龙"对中国进行产业转移时的心态，估计跟欧美同意中国加入 WTO 时一致，只是想开拓中国庞大的市场，利用中国廉价的劳动力、土地和资源能源。但是，中国今天的发展趋势却出人意料。中国部分产业已经开始与发达国家进行直接竞争，中国台湾经济"空心化"趋势严重，中国香港在亚洲的地位开始受到高速发展的上海的全面挑战。

然而，即便是产业转移国能够预料到产业承接方在未来对自己的挑战，也不可能人为停止产业转移的步伐。因为在市场经济规则下，产业转移是客观经济规律。

资本对廉价成本、广阔市场的追逐是永恒的，任何力量都难以阻挡。在全球化深入发展的今天，产业转移更不会以人的意志为转移。虽然今天中国出口部门的综合竞争优势仍然非常明显，但是总会有一天，东南亚、南亚以及南美部分后起国家的投资环境、国内市场、劳动者素质等要素会逐渐改善，优势亦将逐渐明显。总会有一天，我国在低端行业、劳动密集型行业的成本优势会逐步丧失，我国现在的诸多优势明显的产业，比如服装纺织、轻工、电子产品的比较优势终将会被其他国家超越，历史上第五次产业转移终究不可避免。唯一的变数是，产业转移将会发生在10年后，还是20年后。

事实上，就如前面我们所分析的一样，部分产业已经开始了转移。我们需要做的，不是惋惜，更不是人为阻碍产业转移，而是应该顺势而为。以产业转移为契机，一方面倒逼我国产业升级，优化调整产业结构；另一方面抓住第五次产业革命的浪潮，通过发挥自身优势，加大"走出去"的步伐，主动在新一轮产业转移中占领前沿、抢得先机。

第十章 Chapter Ten

自主创新提高出口技术含量

中国经济升级版的动力源自哪里？中国经济发展到今天，"增长之中潜伏着风险、成就之中积累着矛盾"，不转型、不升级将会举步维艰。由于创新能力不足，中国企业对全球价值链的参与，更多地集中在全球价值链低端和低附加值、低技术含量的环节，处于"微笑曲线"的底部，这与"中国经济升级版"的要求相差甚远。作为拉动经济增长"三驾马车"之一的出口，要抓住机遇，提高创新能力，加快转型升级。自主创新，则成为出口转型升级的重要动力源泉。

第一节 创新成就出口强国

德国是一个比较典型的创新型国家，也是真正的出口强国。除了宝马、奔驰这些响当当的品牌，德国在第二次世界大战之后一直都能牢牢控制住国际市场份额的 10% 左右。同时，德国出口的都是高技术、高附加值产品，比如机械、汽车，这两类产品占其出口的一半。创新的系统、创新的文化使德国成为市场发明专利最多的国家之一，从而成就了出口强国。

持续的研发投入

首先，联合投入机制。德国有一套个人、企业、政府三方协作、共同受益的研发投资制度。其中，科研人员出技术成果、企业出资金、国家出政策并负责为企业和科技界进行沟通和协调，企业与政府分别承担 2/3 ~ 1/3 的科研经费。这样的机制充分调动了个人、企业、政府的积极性和创造性，把各方面力量都发挥到了极致。

其次，"再穷也不能穷科研"。为了保证自己科研能力领先世界，德国人对研发投入十分大方。欧盟企业研发投资排名中，前25 位中有 11 家德国公司，排名第一的德国大众汽车公司年度研发费高达 58 亿欧元。2013 年德国的研发经费约占国民生产总值

2.82%，位居世界前列。相比较，我国研发投入比例虽然不断上升，但也仅有 2.05%。即便在欧债危机期间，订单有所减少，德国企业的研发投入也不减反增，正是因为持续的投入，保证了科研创新在世界的领先地位。

标准制定者

除了持续、不吝血本的投入，建立完善的标准化和质量认证体系也是保证科研创新"不走歪路"的重要保证。

首先，构建完善、统一的行业标准。德国标准化学会（DIN）制定的标准涉及运输、建筑、化工、电工、安全技术、环境保护、卫生、家政和消防等几乎所有领域，每年发布上千个行业标准。得益于本身的专业性与严谨性，DIN 有很高的威望，其中约90% 的标准被欧洲及世界各国采用。正是 DIN 这样的机构，使德国成为技术创新领域的"标准制定者"，这大大夯实了德国创新的领先地位。

其次，建立公平的质量认证、监督体系。DIN 的行业标准以及 ISO 的标准只有有效执行，才能确保产业质量，因此，标准执行的监督、认证水平至关重要。为避免政府效率低下、寻租空间或者企业垄断，德国创建了南德技术、北德技术和莱茵技术三大监督公司，它们实行独立于政府和行业以外的自主经营，这样既有效协调了本土企业间的竞争，又确保了监督的公平、公正，有效保障了"德国制造"的质量。

高素质人才大军

除了持续的投入、完善的制度保证，创新更离不开高素质的人才。而德国的人才培养思路，非常值得我国借鉴。

首先，重视大学教育，但更加重视技术工人培养。除了欧洲一流大学教育培养出来的一流创新人才之外，德国非常重视一线技术工人的素质。因为在很多情况下，创新是发生在一线车间里面，发生在生产过程中。从某种意义上讲，支撑"德国制造"领先地位的，可能不是大学教授们的理论成果，而是车间高素质技术人员持续的"工艺改造"。

其次，理论与实践统一的"双轨制"职业教育。重视学校和企业职业教育在培养技术工人方面的分工与合作，使技术工人理论与实践俱佳，提高教学质量。其中，学校负责传授理论知识，费用由国家承担；企业提供到一线实习和培训机会，费用由企业负责。据统计，约70%的青少年在中学毕业后就能接受双轨制职业教育，他们每周有三四天在企业实践锻炼，一两天在学校进行专业理论学习。目前在德国可以参加的培训职业多达350多种。

第二节　创新强国曾经之路

德国、日本出口发展到今天，离不开其强大的创新能力。有很多人认为中国人不适合做创新，事实上如何呢？让我们看看历史吧。

"德国货"曾经"价廉质低"

今天的德国，绝对是世界一流的创新大国。然而，在历史上，德国却曾经是一个"山寨大国"、"假货大国"和"抄袭大国"。由于历史的原因，德国的工业革命发生时间远远落后于英国，也落后于同样处在欧洲大陆的法国，甚至落后于新大陆上的美国。在技术、质量、工艺水平上，"德国制造"明显比欧洲的同类产品差。

为扩大出口、发展经济、实现普鲁士的强国梦，德国人采取了剽窃设计、复制产品、伪造商标等"山寨"手法，不断仿造英法美等国的产品，过度的抄袭使自己严重缺乏创新能力，低质量产品导致的低效益也进一步制约了创新活动。其结果是："德国制造"的产品被贴上"假冒伪劣"的标签。1876 年在费城举行的世博会上，"德国制造"甚至直接被评为"价廉质低的代表"。由于德国冒充英国货太严重，影响了英国货的声誉，为了跟德国产品"划清界限"，英国议会于 1877 年通过新《商标法》条款，要求所有进口商品都必须标明原产地，言外之意就是："不要给缺乏创新、只会抄袭的德国货鱼龙混杂的机会！"

"日本货"也曾"不堪回首"

现在的日本产品以质量著称。以汽车行业为例，一向挑剔的德国人，在《汽车画报》杂志中报告，排名前六的汽车品牌中有 5 个是日本车，奥迪和宝马并列第 14 名，德国车集体总分远远低于日本车。

然而，日本货曾经也有"不堪回首"的时代。在第二次世界大战之前，日本的产业水平本就落后于欧洲。战争之后的 20 世纪 50 年代，日本处于战后重建阶段，企业没有精力和能力进行创新，只能进行模仿与抄袭。"日本制造"对美国消费者来说，意味着低廉的价格和三流的产品，甚至一度被认为是"垃圾产品"的代名词。只有毫不讲究的社会底层人群才会选择日本货。

丰田卖得最好的皇冠汽车，在美国的高速公路上，时速一过80 公里就开始"哮喘"；在持续高温下，发动机猛烈震动，功率急剧下降，1957—1959 年的两年多时间里，丰田只在美国卖出了287 辆小轿车。甚至在 1960 年，丰田不得不决定暂停向美国出口轿车。

除了丰田汽车，一些"聪明"的日本企业还把工厂开到美国乡村，以便让产品能贴上"美国制造"的标签。

"中国创新"曾经引领潮流

中华民族曾经是世界上最擅长创新的民族之一。我国的四大发明曾造福世界，我国的丝绸、我国的瓷器，都曾经风靡全球。除此之外，我国的创新仍然不计其数：传播世界的国家行政和两院制度、促进公平竞争的科举制度、最早的纸币以及纸币防伪技术、疫苗和麻醉药、足球、围棋、天文观测工具、数学验算法和算盘等，林林总总、不胜枚举。而这些创新成果，最终被全世界各国免费学习利用，造福世界。

这里面还有一个非常有趣的小故事，或许大家能从中看到一种"沧海桑田"的感觉。德国人曾经冒充"英国制造"出口，日本人曾经冒充"美国制造"出口，但是大家是否知道，欧洲人曾经冒充"中国制造"？17世纪时，欧洲本土的丝绸质量总是难以达到中国产品的水准，在王室贵族心目中，只有中国丝绸才有面子。在利益驱动下，欧洲的丝织厂在丝绸上绘上龙、凤、花鸟等中国传统图案，并注明"中国制造"，山寨中国货，以次充好，希望卖个好价钱。

历史总是带给我们很多有价值的东西。曾经的德国、日本与今天的中国有很多类似的地方，德国、日本能成为创新强国，中国也能成为创新强国。不能看到我国今天的现状就妄自菲薄地说中国人不适合搞创新，因为模仿学习从来都是后起国家赶超先进国家的必由之路，模仿学习并不代表不能创新。今天，我们建设创新型国家，建设创新型社会，更要树立自主创新的自信。

第三节　中国创新路漫长

创新制度不会一蹴而就

建立完善的知识产权保护，对于创新的意义是非常重要的。正是因为知识产权保护、专利保护制度的建立，使创新者能够享受自己的科研、创新成果，才保障了创新者的积极性。同时，丰厚的创新收益，也使创新者拥有资金进行持续创新。

试想如果没有专利保护制度，诺贝尔不会冒着生命危险研究硝化甘油，而爱迪生在发明灯泡之后肯定没钱再去搞其他发明了。

知识产权，也好建立共享机制。但是，凡事都会"过犹不及"。不知道大家是否考虑过这样一个问题：如果创新的成果始终被创新者独享，其结果会是什么样子？答案很简单，那就是技术垄断。

一味加强对知识产权的保护，不利于"知识外溢"。而适度的知识外溢，有利于其他企业或者个人分享创新成果，对于一个产业集群、一个国家出口部门的综合竞争力是有积极意义的。以苹果公司的 iPhone 产品为例，2010 年美国该产品的对华贸易赤字虽然高达 19 亿美元，但我国的贸易增加值却只有 7345 万美元。由于在华外资企业主要从事劳动密集型的加工组装生产，因此，尽管发达国家的跨国公司在我国申请登记了诸多的发明专利，但由于其对上下游企业的纵向控制，其对我国技术转移的技术外溢效果并不显著。这样，我国的企业很难从苹果身上学到东西，更难说进行追赶了。

事实上，发达国家是知识产权保护制度的"规则制定者"。

由于历史的客观原因，他们拥有创新优势和创新垄断，所以制定的法律、规则都是最大程度上维护创新者的利益。为什么微软的软件如此之昂贵？为什么抗艾药物的生产成本非常低但艾滋病肆虐的非洲却得不到普及，而跨国制药公司宁肯限制生产规模也不愿降低价格？如果完全按照发达国家制定的知识产权保护、创新保护游戏规则行事，我国的技术进步可能永远追赶不上发达国家，我们就永远按照西方国家希望的那样从事低端、低技术含量的行业。

后来者居上。目前我们被发达国家所诟病的"山寨"、"抄袭"，其实走的是所有发达国家都走过的道路。前面讲过的德国、日本不都是这样走过来的吗？英国工业革命之前不断抄袭其他国家，包括中国的诸多技术。美国在承接第一次产业转移时，从英国抄袭了许多技术，只不过美国在抄袭时，不忘把这些技术在美国国内申请专利，为己所用，然后一本正经地向其他国家收取专利费。第一次世界大战之后苏联对战败国德国的技术进行全面模仿，大大提高了苏联的现代化水平，为后来打赢第二次世界大战、成为世界超级大国奠定了工业基础。到最近韩国工业的崛起中，三星、现代少不了对邻国日本松下、丰田的"学习"，更有甚者，现代汽车早期的许多车型就是照搬日本过时的设计。

虽然领先者总希望，学习者永远不要赶上自己，并制定了严格甚至苛刻的知识产权保护制度，但是他们永远保持自己领先地位的愿望是不现实的。今天，我们许多靠"山寨"起家的品牌，在完成了早期的技术、资本积累之后，开始了独立的创新，通过自主研发开发出新一代的技术，大大提高了出口竞争力。

因此，对于创新，我们一定要用辩证思维看，我们要建立一种有效的知识产权保护机制。一方面，它能够保障创新企业获得合理的创新收益；另一方面，要使创新的成果适度外溢，从而实现集群收益和社会福利最大化。在提高产业创新能力方面，我们绝对不能完全按照发达国家制定的"游戏规则"行事，要有自己的标准和准则。

构建创新文化与制度

一个国家的创新，离不开制度，也离不开创新文化的培养。

德国、日本的创新文化。德国成为世界上的创新大国之一，与德意志民族的文化传承息息相关。标准主义、完美主义、精准主义、守序主义、专注主义、实用主义和信用主义，这些看似严谨的作风却孕育着创新的火花和思想。

日本，至少20世纪的日本，之所以成为世界上的创新大国，跟他们的"学习模仿精神"和"工匠心态"密不可分。一方面，日本以"山寨"、学习起家。日本明治维新之前全盘照搬中国的政治经济科技文化，而其后，开始全面向更现代的西方学习。另一方面，在学习之余，也会在模仿之中，潜心提高产品的质量与性能，做到"二次创新"。

没有创新文化，创新就无从谈起。英国有两所非常著名的大学：一是剑桥大学，以培养科学家闻名；二是牛津大学，则以培养政治家而著称。为什么会有这种差异呢？这与大学自身文化渊源有着密切的关系，不同的文化培育了不同的人才。

在创新文化方面，我国还相对比较欠缺。因为的确有部分国人习惯剽窃，而且剽窃速度很快。比如电影DVD，美国电影大片刚在中国放完首场，第二天你就可以在街头巷尾买到拷贝电影DVD，一张光盘才5块钱。而在美国，一张CD几首歌最便宜的，也卖到19.9美元。如果人人都可以随便copy、都可以任意剽窃，什么东西发明创新出来只要盗版就有钱赚，这样造成的格局就是大家都不会去搞创新了，都没有动力去搞创新了。没有创新文化，创新就无从谈起。

因此，我国应该从教育、制度两方面入手，着力培养社会的创新观念、习惯，形成创新文化和氛围，我国的科技进步、出口产业竞争力才能有质的提高。

第十一章 Chapter Eleven

....

转型升级优化中国制造业

中国制造转型升级为何如此之难？方向在哪儿？当前中国已成为无可争议的"世界工厂"，然而"中国制造"却大而不强，很大程度上仍停留在以低端生产制造为主体的模式中，仍处于全球产业链的末端、"微笑曲线"的底部，利润率非常低。要缓解中国就业的巨大压力，尚不能轻言放弃劳动密集型产业和资本技术密集型的低附加值环节。但是推进"中国制造"转型升级已经成为国家的重大战略任务，即要实现"三化"：中国制造"服务化"、"高端化"和"绿色化"。

第一节　中国制造"服务化"

在工业化后期，随着制造业的竞争逐渐加剧，制造环节的利润率也越来越低，传统制造型企业不得不依托自身的竞争优势，强化加工制造环节以外的能力，以寻求新的利润增长点。服务已超越了原先"售后服务"的含义，成为企业产品价值链上重要的增值环节。企业通过流程再造和并购重组等方式，从销售产品发展成为提供服务和成套解决方案，部分制造企业实现了向服务提供商转型，这就是我们所说的加工制造"服务化"。

服务通常比物品有更高的利润，并能提供更稳定的收益来源。从跨国企业的发展历程看，制造业与服务业相融合，是提升制造业核心竞争力的必然趋势。事实上，通过产品服务增值，正成为许多跨国公司扩张的重要战略选择。

IBM"华丽转身"

国际商业机器公司（International Business Machines Corporation，IBM），IBM 顾名思议，这是一家生产商业机器的公司，但是这么一家公司，为什么要把庞大的 PC 业务整体出售给中国的联想呢？

原因就在于 IBM 意识到，单纯的加工制造利润空间越来越小，而做服务更赚钱、增长空间更大。于是，IBM 展开了一系列的"弃硬"动作。2002 年，IBM 放弃全球磁盘存储市场 20% 的份额，将硬盘业务出售给日立。2005 年，IBM 将 PC 业务出售给中国的联想集团。2007 年，IBM 将当时经营还不错的商用打印机业务出售给日本的理光。在经过一系列弃"硬"行动之后，IBM 硬件业务营业税前收入占比，由 2000 年的 35% 大幅下滑至 2012 年的 13%。

与此同时，IBM 持续扩大自己在服务领域上的经营范围，并开始了一系列的兼并与收购。在将 PC 业务卖给中国联想之后，2008 年，IBM 以 50 亿美元收购商业软件制造商 Cognos。2013 年 2 月，IBM 收购非结构化企业数据分析及管理公司 Stored IQ，增强信息生命周期治理能力。同年，IBM 收购自动服务业务分析软件制造商 Star Analytics，增强大数据分析能力。

经过一系列的"吸软"动作，IBM 实现了"华丽转身"，IBM 已经由以前曾单纯的硬件制造商，成功转型为"解决方案提供商"。公司的服务收入占总收入的比例不断上升，每年的利润增长率也高达 10% 以上。截至 2011 年年底，IBM 在全球的总营业收入中，软件和硬件收入占比分别为 23% 和 21%，而来自服务的收入占比则高达 56%。

米其林的"体验站"

曾经为纯粹生产型企业的米其林公司，尽管拥有核心技术、完善的营销渠道，以及优秀的品牌，但是随着产品销售渠道的多元化，以及竞争对手在产品质量上的不断挑战，米其林与竞争对手的差异性越来越小，呈现出逐渐沦为单纯价格竞争的趋势。

米其林意识到，如果连沃尔玛都卖轮胎了，那我们的差异化与竞争优势又在哪里？答案还是在服务，通过服务来实现差异化策略，通过服务提升产品的附加值。

引进驰加店是米其林的服务策略之一。这是米其林集团在全球推出的轮胎零售服务网络品牌，拥有统一的店面形象和服务标准。在整洁明亮的零售店中，不仅摆放着米其林的轮胎和润滑油，还配有改装件、蓄电池、车内装饰、驾驶眼镜等多种与驾车相关的产品。在驰加店，米其林除了提供轮胎更换、四轮定位、调位等简单服务外，还能提供快修保养、车辆清洗、汽车美容等服务。这使消费者不需要走出驰加店就可以获得所有相关服务，从而牢牢地将客户锁定。

值得注意的是，米其林非常重视中国市场，最近一直加快在中国的布局。目前，米其林驰加汽车服务中心在中国的直营网络增至 6 家，分布在上海、北京和广州。体验店的店面、配套、产品和服务均为驰加店的最高标准。

此外，米其林体验店将成为驰加一系列创新产品的"观察站"。如驰加推出新的空调清洗服务，需要将每一个操作步骤流程化，以期最佳的客户体验效果。这套标准化操作流程必须经由体验店试行，搜集客户反馈，并对服务本身进行修正，进而推广到全国 740 余家门店当中。

目前，驰加店网络中销售的米其林轮胎数量，已占到整个米其林零售网络的 1/3。通过一系列服务性产品，米其林的客户体验不断上升，客户忠诚度也不断提高。米其林的服务化策略不仅显著提高了产品的附加值，更把全方位、高满意度的服务，作为质量设计之外塑造品牌的重要内容。

乔布斯的"苹果店"

从 1997—2003 年，苹果公司侧重于产品创新。苹果公司的产品在工程设计、人性化、外观等方面，取得了突飞猛进的发展，也获得消费者一致的认可。但苹果公司向董事会交出的"成绩单"却不够理想，因为苹果公司的营业额、利润，并没有因为产品设计获得大的改观。简单概括就是，产品很好，但是不怎么赚钱。

2003 年以后，苹果公司开始创新自己的商业模式，由此创造了一个商业史上的奇迹。苹果公司的经营理念从单纯销售产品，转变到销售软件、客户体验等服务领域。利用网络商店 iStore 和 ipod 的组合，苹果公司开创了一个全新的商业模式——将硬件、软件和服务融为一体。对于苹果公司而言，不光靠卖硬件产品来获得一次性的高额利润，更靠卖音乐和应用程序来获得重复性购买的持续利润。苹果商店超过 10 万计的音乐和应用程序具有排他性，只有购买了苹果产品，获得了硬件的支持，用这些程序也才有价值。同时，如果只购买产品，由于缺乏合适的程序，消费者也会丧失很多乐趣。这样一来，苹果公司的盈利，从简单的产品销售转变为"硬件 + 产品 + 服务"组合销售，苹果公司的市值进入一个迅速增长的时代。2006—2011 年，苹果公司市值增长了 6.3 倍。相比之下，谷歌公司只增长了 1.4 倍，甲骨文公司增长了 2.3 倍，微软公司减少 8%，而其竞争对手之一的诺基亚，市值只有 5 年前的 32%。

中国制造"服务化"

事实上，国内一些加工制造企业，也开始在通过嵌入服务来提高自己产品的附加值。

比如电信设备制造商华为和中兴。从 2011 年开始，中兴公司成立了运营商、企业业务以及消费业务三大 BG（Business Group），希望在运营商市场之外，开拓新的蓝海。中兴公司从 2012 年开始对组织架构进行了调整，原来以产品经营为导向的组织架构，正在转变为以方案经营为方向的架构。2012 年 1 月，正式成立了政企网部，预计 2015 年的收入目标不低于 60 亿美元。"未来将形成运营商业务、政企网以及终端业务三足鼎立的格局。"除了政企业务之外，最占优势的电信服务市场，将很快成为中兴四大战略市场之一，预计未来几年拥有 15 亿美元的市场。今后几年，中兴公司将着重从电信设备提供商，向通信综合服务提供商转型。在未来的海外市场开发中，中兴公司将把各种增值服务融合到产品里面去。

比如商用空调制造商远大。2006 年，远大空调由原先纯粹卖空调产品的制造公司，转型为兼做控温管理的服务化企业。由此，远大空调首先从空调行业残酷的价格战中突围，实现了由价格到价值的转变。同时，在出口市场迅速积累了自己的口碑，也为自己创造了更大的利润空间。

比如国内一些纺织品企业，除了进行单纯的产品出口以外，有的企业在国外成立了分公司或办事机构，就地采集国外市场信息，而不是被动地等待客户反馈；开始自我研发和设计，而不是单纯的来样加工；通过建立当地仓储大大提高发货效率，将物流、通关等流程控制在自己手中。这样，客人原来的打样、设计、包装等一系列服务性业务都转移到中国企业手里，实现了从 OEM 向 ODM 的转变，降低了客户的成本，同时为自己赢得了更多的贸易机会。

当然，我国大部分加工制造企业，仍然停留在单纯出口产品的阶段。在我国的出口中，服务贸易出口比例非常小，仅占 10% 左右，约为世界平均水平的一半。未来，我国的加工制造业出口，应该更多地向服务发展，增加产品服务的附加值。我国巨大产能和综合竞争优势是我们制造业企业强有力的武器，我们应该充分利用这样的产能优势，大胆"走出去"，围绕产品海外市场提供各种类型的增值服务，将行为触角延伸至产品的整个生命周期，提高产品附加值，增加品牌知名度。

第二节　中国制造"高端化"

在微笑曲线中，加工制造的利润是最低的，而高附加值、高技术含量的环节往往集中在加工制造前面的设计研发和后面的品牌与营销。当然，这里的"加工制造"其实指的是低技术含量的加工制造，主要以劳动密集型、资源密集型产业，以及资本和技术密集型产业的加工组装环节为主。

这些行业或环节之所以利润率低，原因很简单，人人都可以生产，门槛很低。今天中国成本低，他们在中国生产。如果哪一天越南的成本更低，那么他们会毫不犹豫转移到越南生产。加工制造环节，如果能实现"高端化"，生产别人都不能生产的东西，那么利润就上来了。

为了提高竞争力和利润率，中国制造业不再满足于生产廉价的劳动密集型产品，正在将更多的资源投入到生产技术、资金密集的高端加工制造业上来。

高端装备制造业是高端加工制造的典型代表。到目前为止，我国的高端装备制造业已经具备了一定的技术基础和人才储备。其中，重型机械、高铁、航空、航天、中高档数控机床、海洋工程、高铁等领域均成为产业发展的热点。高端装备制造业的利润率，明显高于我国传统的加工制造业。以机床行业为例，机床行业内中低端的利润率只有7%，而高端的则可达到50%～70%。

统计显示，已披露年报和快报的20家高端装备制造业公司，2011年实现净利润113.3亿元，比2010年的74亿元增长了

53.04%，是业绩增速最快的新兴产业领域。不仅如此，这些公司 2011 年营业收入，合计达到了 867.84 亿元，同比增长 33.43%。

与此同时，部分有实力的中国制造企业开始收购西方竞争对手。2012 年 1 月，中国工程机械的大哥大——三一重工，以 3.6 亿欧元成功收购德国工程机械巨头普茨迈斯特。同年 3 月，中国兵器工业集团旗下的凌云集团，联合收购德国凯毅德公司 100% 股权，标志着中国企业正式进军国际汽车零部件行业高端市场。

小小飞机"收益高"

2011 年，世界各大军事媒体纷纷转载了在中国网络上亮相并首飞的 J-20 隐形战斗机。这款飞机采取了世界最先进的设计和技术，包括隐身外形、武器内置、黄金座舱、全动尾翼、激光打印机体、新材料，这些最新的技术集中了我国装备制造业最新的研究成果，体现了非常高的技术水准。高技术的大量运用，使 J-20 具备了世界上最顶尖战斗机的所有能力：隐身性能优异、高机动性、短距离起降、先进航电设备、大航程。据专业人士评论，J-20 的整体设计以压制美国最先进的 F-22"猛禽"为目标，其先进性已经明显超越了俄罗斯同期研制的第五代战斗机 T-50。

当然，J-20 是我国军工行业里面技术含量最高的明星产品，是我国装备制造业的"刀锋之作"。就如同美国最核心的 F-22 战斗机连其最亲近的盟友也不会出售一样，J-20 作为我国的核心装备，也不会考虑出口。因此，从出口角度，我们不妨看一下更具有代表性的猎鹰（L-15）高级教练机。

L-15 是中航二集团旗下的洪都集团公司研制生产的，具备第三代战斗机特点的超音速高级教练机。在研制初期，国防科工委就批准 L‑15 为军贸出口产品，这意味着这款教练机可以角逐国际市场。

与国外正在研制的雅克‑130 等新一代高级教练机相比，L‑15 的技术指标不相上下，丝毫不落下风甚至局部占优，而售价只有国外同类型教练机的 60%~70%。一架 L‑15 的售价高达 8000 万元人民币。据透漏，L‑15 的研发投入大约在 5 亿元人民币，仅仅相当于 6 架 L‑15 的价格。2012 年，生产 L‑15 的洪都航空，在国际市场赢得了 12 架的订单。这就意味着，洪都航空有望实现将近 9.6 亿元的营业收入，这相当于 2011 年洪都航空营业总收入 18.25 亿元的 55%。

美国大桥"中国造"

奥克兰新海湾大桥是迄今为止全球最大跨度的独塔自锚式悬索桥，这座堪称"世界之最"的大桥，其顶级技术难度和高昂造价令世人惊叹。这座在美国桥梁史上具有里程碑意义的大桥，95% 以上由中国企业建造完成，这在历史上是破天荒的第一次。目前大桥主体已建造完毕，正进入大桥基础设施完善阶段，于2013 年正式通车运行。它的建造，让世人对"中国制造"另眼相看，成为中国加工制造业的骄傲。

要承接"世界之最"的项目，就要有独一无二的建造能力和技术水平。新海湾大桥要求抗八级地震，震后立即通车；大桥高达 160 米的钢塔拼装需要 57 万多个螺旋和螺孔的完美对接，拼装精度误差要求小于 1/1000；大桥的主缆有特殊结构要求，预弯、预成型的索股在全球业内尚属首例，其长精度误差需小于1/15000。最终，中国的两家企业振华重工和浦江缆索凭借着国际首创的主缆索股结构、创新型抗震技术以及专业一流的建造水平、管理能力，以高于合同的标准完成了交付，令美方竖起大拇指。其中，振华重工因超出合同约定完美地完成各项工作，获得美方 6200 多万美元的奖励。

承建新海湾大桥的成功，让中国企业的技术能力和管理能力得到了世界范围内业界的一致认可，国际桥梁业主的"邀约"纷至沓来，其中包括意大利、土耳其、苏格兰、韩国和美国等地的知名大桥项目。我国在利润颇丰的钢桥行业出口，迎来了新一轮的发展机遇。

美国制造仍高端强势

虽然我们经常看到媒体报道美国制造业的曾经流失和现在推行"再制造业化"。但是，美国流失的制造业其实只是相对低端的部分，而高端制造业仍然牢牢把握在自己手中。美国制造业的效率和利润仍然明显领先。

在过去的几十年中，美国制造业产值在国内生产总值的比重是下降的，但是美国制造业在全球制造业的份额却没有明显下降。今天，美国制造业产值仍占国内生产总值的 16%，在美国出口的全部产品中，制造业产品占到 72%。究其原因，一方面是美国服务业的迅猛发展，增速远远高于制造业增速，所以美国制造业占国内生产总值比重下降。另一方面，美国守住了主要的高端制造业，高附加值环节牢牢掌握在国内，只是将在低附加值环节转移到其他国家去而已。

美国高端制造业拥有核心技术、知识产权和品牌。同时，其领先全球的研发、金融服务以及丰富的新技术产业化经验，也是制造业能保持高水平的重要原因。由于历史原因，美国形成了一大批具有规模效应的垄断性高端制造业，在这些行业中，美国的制造能力不仅没有下降，反而大大增强了。例如利润丰厚的民用客机制造，波音公司 2012 年的营业额就达到了 817 亿美元，运营收益为 63 亿美元。截至 2012 年年底，波音公司储备订单价值达到创纪录的 3900 亿美元，其中 2012 年获得的净订单价值为 1140 亿美元。而拥有 200 家企事业单位、21 家上市公司的中国航空工业集团公司 2011 年的销售额还不足 500 亿美元。

中国制造"高端化"路漫漫

虽然我国的高端制造业取得了巨大的进步，但是跟美国相比，在劳动生产率方面，美国高端制造业大约是中国的 23 倍，中美之间差距仍然"极其明显"。

第一，我国在部分高端制造装备领域仍严重依赖进口。例如半导体芯片、电子信息产业的加工设备、深水海洋和石油装备、百万吨乙烯装置中大型压缩机等几乎全部依赖进口，高端自动控制系统如飞机导航仪器仪表、高速列车的刹车系统基本上由国外垄断。目前国内的装备制造业不能生产大型民用飞机、深水海洋石油装备。中国使用的 90% 的高档数控机床、95% 的高档数控系统和机器人依赖进口。工厂自动控制系统、科学仪器和精密测量仪器对外依存度达 70%。

第二，国内诸多高端加工制造业掌握在外资手中，民族企业竞争力比较弱。外资企业对中国制造业的市场控制度不断上升，平均控制力已经超过 1/3。在中国已开放的产业中，每个产业排名前 5 位的企业几乎都由外资控制。在中国 28 个主要产业中，外资在 23 个产业中拥有多数资产控制权。由于核心技术掌握在外资手中，对我们本土产业的研发呈现了强烈的"挤出效应"。以"智能装备制造业"为例，当前基本上被外商占领，我国制造企业在传感器、自动控制系统、工业机器人、伺服和执行部件为代表的智能装置领域的核心技术上，仍然受制于人。这对我们掌握核心技术、提高行业竞争力，甚至国防安全都造成极为不利的影响。

表 11 - 1　智能装备市场国内厂商市场占有率

智能装备产业	国内厂商市场占有率
工业机器人与专用装备	20%
中档数控机床	20%
智能仪器仪表与控制系统	10%
高档数控机床	1%

第三，出于遏制新兴大国崛起的目的，西方国家采取了诸多措施，限制对中国出口高端加工制造技术。同时，我国部分高技术企业在西方国家市场也遭受额外的政治干预。这对我国引进先进技术，提高制造业水平造成了新的障碍。

因此，我们必须更加重视高端加工制造业的发展。把经济发展依靠低端加工制造，转移到依靠先进制造业上来，要加快制造业结构调整，推动发展方式的转变。

首先，加大科研投入。当前，我国部分高端加工制造行业已经陷入了一种引进—落后—再引进—再落后的恶性循环。只有依靠自主创新和技术进步，提高劳动生产率，发展高附加值产业，中国制造业才能形成核心竞争力。

其次，企业是高端加工制造的主体，要培育核心企业，提高高端加工制造产业集中度，形成产业集群、规模生产。同时，加大对中小企业资金等方面的支持力度。中小企业具有更强的活力，在某些特定领域往往有更强的创新力和突破力。同时，中小企业在基础工艺、基础元器件等方面，对大企业的配套是良好的补充，对于提升整个加工制造链条的竞争力有积极的作用。

再次，推动产学研合作，加大政府部门、企业、大学和科研机构共同开展战略研究，探索积极有效的产学研合作模式，促进技术成果尽快转化成为产业收益。

第三节　中国制造"绿色化"

"两高一资"代价大

污染成为出口之痛。我国出口中，资源消耗高、环境污染严重的产品比重比较高。据统计，2007 年中国出口产品的二氧化碳排放量占总排放的 50%，净出口产品（扣除进口产品在国外排放）占总排放的 30%。同时，出口产品的二氧化硫排放占总排放的 46%，净出口占 25%。出口产品的化学耗氧量占全国总排放的 40%，净出口占 20%。由此可见，我国强大的加工制造部门虽然创造了巨大"顺差"，但是生态保护方面却是"逆差"。换句话说，我们以破坏国内环境为代价，换来了出口的快速增长。

大气污染、水污染和固体废弃物污染、土壤重金属污染在某些区域仍相当严重。在 700 条主要河流中，受污染的河长占评价河长的 46.5%。其中，淮河、黄河、海河的水质最差，均有 70% 的河段受到污染。在 131 个大中型湖泊中，有 89 个湖泊被污染，有 67 个湖水水体为富营养化程度。

环境污染损失包括两类：一类是"财产性损失"，或者直接经济损失。例如企业的污水处理成本、农渔业的收成损失，包括部分生态损失。另一类是"健康损失"，这关系到人民群众的生活质量和切身利益，而这些损失很多时候是不能用金钱衡量的。

20 世纪八九十年代，世界银行、原国家环保总局以及一些科研单位曾经做过研究发现，环境污染造成的损失占中国国内生产总值的比重约为4%，间接损失达到11%左右。2011年，全国政协人口资源环境委员会副主任、原国家环保总局副局长王玉庆认为，目前环境损失占中国国内生产总值的比重可能达到5%～6%。2011年中国国内生产总值为47万亿元，据此折算，环境污染造成损失将达到2.35万亿～2.82万亿元。

能源依赖风险高

中国成为世界最大的能源消耗国之一，能源对外依赖程度非常高。

2011年，我国石油消费量为4.45亿吨，其中进口2.54亿吨，对外依存度达到56.7%。目前，我国近一半的石油从中东地区进口，基本上全部依靠海运运输，要穿过局势不稳的霍尔木兹海峡、马六甲海峡，以及美国、印度控制的印度洋，我国海军又没有绝对的实力保障运输路线的安全，并且国际油价波动频繁，给我国经济带来很大不确定性。

天然气消费量达到1307亿立方米，进口量大幅攀升至310亿立方米，对外依存度将近24%。目前我国建设的中缅、中俄、中哈输气管道，能够缓解天然气供应的缺口，但是仍然远远不能满足我国未来需求。

煤炭消费量为37.3亿吨，占世界的一半以上。作为世界上煤炭产量第一大国，我国仍然净进口1.68亿吨。火电、钢铁、建材、化工和石油炼化五大煤炭下游行业创造的污染物排放量占全国工业的90%左右。由于热量比相对较小，空气污染明显高于其他能源，煤炭在西方国家逐步被淘汰，而我国仍然以煤炭为主要能源。

对于能源的过度依赖，往往将我国置于不利地位。除了价格受国际影响波动较大以外，对于我国的能源安全、战略安全也是一个非常大的挑战。

"绿色壁垒"墙渐高

所谓绿色壁垒，是现代国际贸易中商品进口国以保护人类健康和环境为名，通过颁布、实施严格的环保法规和苛刻的环保技术标准，以限制国外产品进口的贸易保护措施。绿色壁垒形成的原因，可以从两个方面看：

一方面，是出于保护环境的公益。全球气候变化引起全球绿色消费意识上涨，环境保护越来越引起全球各国的重视。2000年，联合国启动了旨在保护全球环境，促进可持续发展的"全球契约"计划。10年之后，2010年国际标准化组织（ISO）进一步发布了《社会责任国际标准指南》（ISO26000）。截至2011年年末，已有36个国家将社会责任国际标准转化为国家标准。绿色制造成为各国重振传统制造业、培育和发展新兴产业的发力点。

世界主要发达国家经济体积极推进绿色计划，促进社会的可持续发展。例如，一贯高度重视环保问题的欧盟通过了"第7框架计划"，设立了"未来工厂"重大项目，开展新型生态工厂的设立推广，以及绿色产品研发是其中的重要内容。美国政府提出了可持续制造促进计划（Sustainable Manufacturing Initiative, SMI)，并出台了可持续制造度量标准。日本公布了《绿色革命与社会变革》的政策草案，提出到2015年将环境产业打造成日本重要的支柱产业和经济增长核心驱动力量。与此同时，金砖国家等新兴经济体也纷纷出台了，旨在促进本国产业绿色化、经济社会可持续发展的法律法规。气候变化问题成为国际合作的新焦点、新领域，全球消费市场绿色环保意识日益增强。

另一方面，则是出于贸易保护主义的私利。随着经济全球化的不断加深，中国等新兴大国的产业竞争能力不断上升，经济实力的增长速度远远超过了发达国家最初的预期。为了遏制新兴大国的崛起，同时为了保护本国产业和市场，发达国家纷纷利用世界贸易组织《贸易技术壁垒协议》中关于"不得阻止任何国家采取必要的措施保护人类、保护环境"条款，在环境保护上大做文章，通过颁布实施严格的环保法规和相对苛刻的环保技术标准，设置贸易障碍。

这些年来，我国遭受的绿色壁垒越来越多。其中，以欧盟为甚。2012 年，欧盟开始对包括中国 33 家航空公司在内的所有起降欧盟机场的航空公司，强制征收国际航空碳排放费（即航空"碳税"）。在当前条件下，欧盟急于单方面开征航空"碳税"，其实质上就是设立一种"绿色壁垒"，是以环保的名义强取他国产业的利益。

2011 年，欧盟开始实施更加严格的玩具安全标准，要求所有进入欧盟市场的玩具，必须贴附 CE 标识，制造商在取得该标识前必须进行一套严格的安全评估。同时，对玩具生产材料特定重金属的限制，从 8 种增加到 19 种，首次禁用或限用 66 种致敏性芳香剂，并对生产玩具广泛使用的 15 种邻苯二甲酸盐表示高度关注。2012 年，欧盟轮胎标签法规强制实行，不达标者无法进入欧盟市场销售。

最近几年，欧盟相继制定了机床环境评价与能效检测标准（ISO/TC39/WG12）、非道路用柴油机排放标准 EU Stage Ⅲ A 及 Ⅲ B、家电产品有毒有害物质（ROHS）、回收（WEEE）、能效（EuP）等指令；欧盟成为绿色壁垒设置最严重的市场。

当然，日本、美国等发达国家也不甘示弱。日本制定了环境保护法规及相应的标准，美国制定了电机、空调能效标准等，对我国机电产品出口都带来了严峻的挑战。

多措并举"绿色化"

加工制造"绿色化",是在保证产品的功能、质量、成本的前提下,综合考虑环境影响和资源效率,通过开展技术创新、工艺优化,使产品在设计、制造、物流、使用、回收、拆解与再利用等全生命周期过程中,对环境影响最小、资源能源利用率最高、人体健康与社会危害最小,并使企业经济效益与社会效益协调优化。

加工制造"绿色化":一是适应保护生态环境,减轻资源承载,实现可持续发展的必然要求。二是跨越西方国家"绿色壁垒"的客观需要。三是升级加工制造业,提高加工制造业附加值的重要途径。随着全球消费者绿色消费意识的逐渐增强,消费者对由环保认证的产品越来越认可,也愿意支付更高的价格。同时,绿色制造本身也能大大节约原料、能源消耗,明显降低成本,提高效益。推动加工制造"绿色化",可采取以下措施:

一是绿色技术的创新与推广。只有实现了技术的创新,才能有效利用技术来提高绿色制造的效率与效益。其中,绿色产品设计最为关键。因为在产业规划、设计环节就考虑了绿色制造,那么整个流程的绿色化程度会事半功倍。同时,绿色工艺、循环利用技术、绿色制造基础数据研发、绿色制造技术规范与标准制定、绿色信息平台建设也是技术推广的重要方面。

在技术研发过程中,企业应成为技术创新主体,同时鼓励高等院校与科研院所参加,通过"项目—人才—基地"的合作模式,形成产学研相结合的有效机制。尽快将研发成果应用到产业中去,加快绿色技术的推广。

二是提升和改良传统加工制造能效。围绕具有广泛带动作用的产品与行业,提升我国制造业的绿色产品设计、绿色工艺等技术水平，提高设备与产品的绿色化性能，研发节能减排核心技术，推进清洁生产和精细化能效管理，实现我国制造业绿色化改造。通过应用工程实施与产业示范，推动我国制造业节能减排，实现循环经济发展目标。

三是对东南亚国家的产业有序转移。东南亚以及南亚部分国家就业人口多、就业压力大、劳动力相对便宜，环境承载压力相对较小。我国部分产业应在保护好当地环境的条件下加大往这些国家产业转移，占领第五次产业转移的先机。

第十二章 Chapter Twelve

....

品牌建设提升出口附加值

　　中国品牌何时屹立于世界之林？泱泱大国，产能世界第一，出口世界第一，品牌建设却跟不上出口增长的步伐。同一款式新秀丽行李箱，国内商场价格3000元人民币左右，而美国商场价格价格约70美元，折合人民币450元。6~7倍的国内外价差，最根本原因是品牌的定价权掌控在他人手中。有的品牌包包，中国加工生产，获利甚微；仅仅贴上一个外国商标，价格涨数十倍，高额利润被品牌商收入囊中。实施品牌战略、加强品牌建设尽管路很漫长，却至关重要。

第一节　质量是品牌基石

德国质量不服不行

1911 年 4 月，位于云南滇池螳螂川上的石龙坝电站建成发电。这座水电站所用水轮机、发电机和变压柜全部是德国西门子公司的产品。将近一百年过去了，它至今仍然在正常运行，为邻近的村寨提供所需的电力。

网上还有个广为流传的故事：青岛一条下水道使用德国百年前的设备，由于时间很长，个别零件出问题了，需要更换，但是当年生产这些设备的公司早就没有了。于是维护人员到处寻找零部件，后来有一家德国的公司给他们来信，说根据德国公司的有关标准，在设备出故障处周边若干距离内，可以找到相关的备用件。维护人员就在出故障设备的周围找，果然找到了包裹很好的零件，那叫一个锃亮啊！看了个故事，网民们感慨了，才真正懂得了什么叫认真，什么叫责任。一百多年过去了，公司都没有了，备件仍给你备得好好的，设施坏了更换备件还可以继续使用。

德国是出口导向型国家，德国出口长期占据约 1/10 的世界市场份额，这与德国商品，特别是汽车、机械产品等大商品质量过硬是有着密不可分的关系。在国际上，如果说"中国制造（Made in China）"贴着物美价廉的标签，那么"德国制造（Made in Germany）"的标签则是优质品牌。德国产品的安全性、专业性和质量过硬广为人知，德国出口附加值高，效益好，而且较少遭遇贸易摩擦，这在 2008 年以来的金融危机中表现得尤其明显，很多发达国家出口增速下滑甚至出现负增长，德国出口仍然很强劲。德国出口商品结构比较高端，海外市场需求稳定，并且不会像劳动密集型商品那样面临众多的出口国家竞争。

有人说，质量建设就像"怀孕"，时间长了总会看得出来。只有持续、稳定的质量，才能积累口碑，才能形成品牌优势。目前国内很多企业，在相同的价格下，其实质量水平是非常高的。但是，面对好不容易建立的口碑，在利益的诱惑下往往容易走上牺牲质量换取利润的道路，最终往往得不偿失，质量越做越差，品牌口碑不复存在。所以，构建品牌，首先就是要保障持续、稳定的质量。

1.01 与 0.99 天壤之别

最近日本流行这么两个等式：

1.01 的 365 次方等于 37.8

0.99 的 365 次方等于 0.03

每天有 1% 的进步，一年之后就能增长 37.8 倍；每天有 1% 的退步，那么一年之后只剩下 0.03。

质量建设也是如此。很多时候，发达国家出口产品质量如此之高，并不是突然几次科技革命导致的技术飞跃，而是持之以恒的点滴积累和持续提高。笔者在国外学习的过程中，发现欧美文化对日本的一个词非常感兴趣，这个词是"Kaizen"，意为小的、持续的、渐进的改进。这个词，在汉语甚至大多数国家的语言里面，没有找到对应词，但是，同样是这个词，却是日本质量越做越好，持之以恒构筑品牌的法宝。

《改善：日本企业成功的奥秘》一书的作者今井正明先生认为，丰田成功的关键在于贯彻了 Kaizen 的经营思想。相对于一触即发式的创新思想而言，Kaizen 思想所带来的哪怕是微不足道的细微进步，只要坚持住，水滴石穿、绳锯木断，其结局往往是颠覆性的、革命性的。长期而言，这种阶梯式的持续进步，足以获得巨大的回报。

对我国来说，在构建品牌的过程中，虽然目前我国整体技术水平与质量水平，仍然与顶尖企业存在明显差距。但是，如果我国也能够贯彻这种精神，持续稳定的改进自己的质量，最终必定能使我国出口质量不断上台阶，中国制造品牌在世界大舞台上大放异彩。

第二节　品牌建设论思路

品牌建设，有两种思路：一种是从无到有构建自己的品牌，走向国际市场，我们称之为"造船出海"。另外一种，则是通过收购国际品牌，进一步拓展海外市场，我们称之为"借船出海"。目前为止，两种思路我国都有成功的案例，都能为我们提供积极的借鉴。

华为：自主品牌的骄傲

提到自主品牌，不能不说华为。1987 年，43 岁的退役解放军团级干部任正非，与几个志同道合的中年人，以凑来的 2 万元人民币创立了华为公司。谁都没有想到，短短 25 年时间里，华为一跃成为世界级企业。2012 年销售额 350 亿美元，超越爱立

信，成为全球最大的电信设备供应商。同时，华为实现了净利润
153.8亿元，同比增长32.6%。当年一个个世界电信巨头摩托罗
拉、诺基亚、阿尔卡特等都风光不再，在国际电信市场遭遇寒冬
的不利情况下，华为的持续壮大成为国际电信市场上一颗耀眼的
明星。根据2013年世界500强排名，华为排名第315位。

与营业额和利润一起迅速扩大的，还有华为的品牌知名度。
到目前为止，华为品牌已经成为国际市场上拥有完全自主知识产
权、自主品牌的高技术企业，并在世界范围内培养了一大批忠实
客户。2013年年初，华为首席财务官孟晚舟介绍，在华为2012
年全年的销售收入中，66%的收入来自海外市场。作为从无到有
发展起来的民族品牌，华为的成功对我们构建民族品牌具有重要
借鉴意义。

"先难后易"的技术策略。在很多人的脑海里面，"技术"已
经成为其最主要的标签。华为成为誉满全球的知名品牌，最关键
的就是技术的研发。华为认为，品牌出口的最重要基础之一就是
技术，没有核心技术，品牌会"空壳化"。所以，从一开始，华
为就坚定地走技术路线。遇到难以开发的技术，迎难而上，坚决
攻克。

2002年某西方企业率先开发出ASIC，当时国内许多企业认
为直接开发自己的ASIC技术成本太高、风险太大，但是华为认
为，如果没有自己的ASIC技术，核心技术上会永远受制于人。
于是，冒着巨大的风险，华为坚持着自己核心技术突破的一贯思
路，把一开始积累的微薄利润用于技术开发。后来的事实证明，
华为走对了，而且道路越来越宽。

华为长期坚持不少于销售收入10%的研发投入，并且研发投
入中不少于10%的部分用于预研，对新技术、新领域进行持续不
断的追踪。2011年，华为研发费用高达237亿元，近十年的研发

总投入高达 1000 亿元。华为在瑞典斯德哥尔摩、美国硅谷、印度班加罗尔、俄罗斯莫斯科等地设立研发机构，通过跨文化团队合作，实施全球异步研发。除此之外，华为还与运营商成立了 34 个联合创新中心，把技术优势转化为商业竞争优势。2011 年，华为起诉摩托罗拉技术侵权，被华尔街日报成为中国企业第一次用知识产权作为武器来反击西方企业。2012 年 2 月，华为推出了 Ascend D quad，其搭载的 K3V2 处理器是当时封装最小的四核处理器，该处理器完全由华为自主研发，华为再一次代表中国企业打破了高通、德州仪器以及 nvidia 对手机处理器的垄断。

"先易后难"的市场策略。与"先难后易"的技术策略相反，华为在品牌市场采取了"先易后难"的迂回策略。

华为在 20 世纪 90 年代开拓国际市场的初期，欧美等高利润的市场被牢牢把握在西方电信巨头手中，华为的品牌知名度太低，难以获得认同。因此，华为精心选择了经济发展水平不高，但潜力巨大的发展中国家，作为品牌开发的目标。到 2001 年，华为的产品已经成功进入非洲、中东、东欧等十几个国家，年销售额超过 3 亿美元，华为的品牌终于在这些国家获得认可。在相对容易的亚非市场站稳脚跟之后，华为已经积累了一定的知名度、技术能力，再去开拓发达国家市场时，比想象的要简单许多了。

"多元化"的产品战略。华为一开始的主打产品是通信设备，这是传统的运营商市场。为了进一步提升品牌知名度以及延伸产品链，华为开始进入通讯终端市场，因为只有在消费者业务市场的知名度提高，才能全面提高华为品牌的整体知名度。

这一次，华为抓住了智能手机革命的机遇，到 2012 年第四季度，华为超越摩托罗拉、诺基亚等品牌，首次登上全球智能手机市场排名的前三位，仅次于三星和苹果两大巨头。

长期以来，华为手机被认为是低端和中端为主。为此，华为积极提高产品的质量与档次，并于 2012 年推出了高性能手机 Ascend P1，其在英国知名媒体 Stuff 评选的全球智能手机排行榜中，超越了三星的 Galaxy Note 和多普达的 HTC Rader，首次进入前十。在消费者业务市场实现销售收入 484 亿元，占收入总量的 22%。

"舍得投资"的品牌营销。在竞争激烈的海外市场，"酒香也怕巷子深"。为了进一步提升品牌知名度，华为开始在品牌营销上大胆投入。

2012 年，美国 CNET 网站报道，为提高在美国消费者中的品牌形象，华为投入重金，进行品牌广告宣传，这与另外一家中国电信企业中兴形成了比较明显的对比。2013 年，"Ascend to New Heights"大型营销行动展示了华为终端向消费者转身的决心，具有里程碑式的意义，这是华为终端历史上首次如此大规模的全球行动，覆盖 45 个国家数百万消费者，有效提高了华为的品牌知名度。2013 年 6 月份，华为与西班牙足球联赛（LEP）签署了一份为期两年的赞助协议，华为成为联赛智能手机通信技术方面的合作伙伴，同时华为也将拥有西班牙足球甲级联赛和乙级联赛的冠名权。这是华为于 2012 年成为马德里竞技队赞助商后的又一举措。

华为全球品牌总监楼颖妍在移动世界大会上接受媒体采访时表示，华为"立誓成为全球顶级消费品牌"，并将投入"时间、资金和不懈的努力"。预计在未来，华为将会持续加大在市场营销方面的投入，进一步扩大在国外市场的品牌知名度。

吉利："蚂蚁吞大象"

与从零开始培育品牌的华为不同，李书福的吉利汽车选择了另外一条道路——收购沃尔沃。通过与沃尔沃的联姻，吉利的品牌建设、海外拓展得到了巨大的提升。

2010 年，吉利集团花费 18 亿美元成功收购瑞典沃尔沃轿车品牌。通过收购，吉利成为沃尔沃 100% 的股东，将通过沃尔沃拥有其关键技术和知识产权的所有权。同时，吉利也拥有了沃尔沃的品牌和营销网络。

"迎娶沃尔沃"吉利品牌受益匪浅。在收购沃尔沃之前，吉利就开始开拓海外市场，并取得了一定成果。但是，吉利仍然面临几个突出问题：一是品牌知名度低。吉利只在少数低收入、非主流国家拥有不算大的销售额，大部分国家的消费者对吉利一无所知。二是品牌区分度小。跟吉利同时开拓国际市场的还有奇瑞、长城、比亚迪等其他企业，而消费者分不清这几大品牌的区别，只知道是"中国车"。三是品牌形象低端。由于技术水平限制以及成本控制，吉利在中外消费者中的口碑就是低端汽车的代名词，尽管吉利也研发了类似劳斯莱斯山寨版的高端车型，但是丝毫不能改变其低端的品牌形象。

毫无疑问，这样的品牌形象严重制约着吉利的持续发展，但是通过与沃尔沃的合作，吉利以及吉利品牌获得了以下好处：

其一，吉利的管理水平、营销水平和技术水平上了一个台阶。由于拥有了沃尔沃的全套知识产权与技术，吉利品牌在实际生产过程中通过技术转移等手段，在技术、管理方面均上了一个台阶，吉利汽车的质量获得了明显的提高。而对于汽车类大宗产品，质量水平是品牌建设的关键，吉利获得了摆脱"低端制造"品牌形象的大好机会。

其二，吉利在海外的客户认知度获得大大提升。在此之前，吉利与奇瑞、比亚迪一样，属于普通的中国车企，但是收购沃尔沃在世界各大媒体纷纷报道，这相当于免费为吉利做了一次次宝贵的宣传，吉利的知名度因而大增。海外消费者、海外经销商开始对吉利刮目相看，认为这是"能够收购沃尔沃的企业"。吉利在海外开拓市场是拥有了"沃尔沃所有者"的头衔，再也不用费力在各个新市场介绍自己，"收购沃尔沃"成为吉利免费却永久有效的"名片"。

双赢的收购。尽管收购前后各种质疑声不断，反对声音不停，但是吉利与沃尔沃交出了一份让人满意的答卷。根据吉利官方信息，2012 年，吉利控股集团旗下的吉利汽车和沃尔沃汽车累计销量90.5 万辆，全年实现营业收入245.5 亿美元，较 2011 年的233.557 亿美元也增长了约5.11%。2013 年 7 月 8 日，《财富》杂志发布了"2013 年财富世界 500 强"榜单，浙江吉利控股集团以总营业收入245.5 亿美元入选榜单，排名第 477 位。这是吉利控股集团继 2012 年首次入围后第二次入围。

对于沃尔沃来说，被并购 3 年之后，已经由之前福特的"不良资产"，转变为持续稳健发展的品牌，不仅销量提升，而且扭亏为盈。2013 年更是实现了高速增长，尤其是在中国豪华车市场"微增长"的背景下，逆势增长 37.5%，使中国超越瑞典成为沃尔沃第二大市场。

对于吉利来说，由于品牌和质量的不断提升，海外市场表现颇佳。2013 年上半年，吉利汽车累计出口 50483 辆，比 2012 年同期增长超过 30%，成为海外增长最快的中国车企。尤其引人注目的是，这是在部分主要市场政局不稳、人民币不断升值的不利条件下取得的成绩。

其实，在吉利收购沃尔沃之前，也有其他中国企业通过收购海外知名品牌的成功案例，其中最著名的就是 2005 年 5 月中国联想集团对 IBM 全球 PC 业务的收购。通过对 IBM 的收购，除了技术、销售渠道、市场占有率的提升以外，联想保留了 IBM 品牌的同时，自主的 Lenovo 品牌也获得了更大的提升，从而迅速提升了联想的国际知名度。收购过程是艰难曲折的，收购之后的磨合期也遇到了一系列的困难。但是道路曲折不代表就不会成功，事实上，8 年后我们回头看这次收购是非常成功的。

2012 年，国际著名市场调研机构 Gartner 发布第三季度全球 PC 行业报告，称联想已经超越惠普，成为全球最大的个人电脑厂商。在海外，路透社、BBC、华尔街日报等全球一线媒体也广泛关注此事，并给予联想高度评价，看好联想未来的发展之路，联想品牌的知名度获得了更大程度的提升和巩固。

不管是联想收购 IBM，还是吉利收购沃尔沃，都展示了中国企业家的魄力与远见。更有意义的是，他们为中国民族品牌走向世界知名品牌，提供了重要的借鉴与参考，那就是"借船出海"，通过与国外知名品牌联姻的方式强强联合，可以快速提升中国品牌的知名度。

"草根企业"的品牌之路

不管是联想、吉利还是华为，都是国内知名企业，他们的共同特点就是，在走向海外市场之前已经在国内获得了很大的成功。对于大多数以劳动密集型产品为主的企业来说，可能没有绝对的实力来开发核心技术，那么，他们应该怎么办？

办法总比困难多。劳动密集型企业在未来的发展过程中，也可以通过积极参与国际品牌合作，提高自己的知名度，构建自己的品牌实力。

浙江美邦纺织有限公司，创建于 2003 年，主要生产男女系列无缝内衣、T 恤、游泳衣、睡衣、运动衣、童装等，以及男女棉袜、丝袜、连裤袜、运动袜、童袜等劳动密集型产品，是目前国内最大的无缝内衣生产基地之一。在公司发展初期，主要还是通过贴牌生产进入海外市场，缺少自主品牌，利润率相对较低。因为市场准入等原因，美邦无法进入国外的主流分销渠道。2008年，公司5000万美元的出口额，主要是为欧盟做贴牌加工。因为受配额限制，企业的产品进入美国市场非常困难。

2008年金融危机爆发反倒为美邦纺织提供了巨大的机遇。当年年底美邦纺织的两个美国客户突然取消订单，因为金融危机的蔓延，两家美国公司的贷款银行陷入财务危机并抽贷，使两家公司陷入流动性枯竭。

机会属于有准备的人，美邦纺织果断抓住机遇，通过"欠款+现金"的方式，收购了这两家分别位于纽约和洛杉矶的美国企业。这两家美国公司虽然在生产成本控制上，无法与美邦纺织相比，但是这两家品牌在全美无缝内衣市场拥有较高的市场占有率，而且拥有明显的产品设计、分销渠道方面的优势。通过并购该品牌，美国市场对美邦纺织"门户大开"，美邦纺织在品牌知名度、利润率等方面都获得了明显的提升。

美邦收购案例是中国纺织服装行业"借船出海"的典型代表。除美邦纺织之外，仍有许多中国纺织服装品牌收购国外品牌的成功案例。比如2002年中国最大的长毛绒面料生产企业，上海海欣集团股份有限公司收购美国GLENOIT公司，雅戈尔以1.2亿美元的净资产成功完成对美国KWD旗下新马集团的并购，迪尚集团630万美元收购了巴黎女装中档品牌"HAVERY"，山东纺织企业"舒朗"斥资1亿元收购意大利男装品牌公司Guido-Bertagnolio、ADRIANORODINA及一家粗纺纱工厂和一家毛纺厂四家企业等。

跟联想、吉利并购海外品牌一样，整个并购过程不会顺利，我们也不能期望每一家企业并购后都能获得成功，但是，在品牌建设中，抓住经济不景气导致国外部分品牌经营陷入困境的大好时机，逢低收购海外品牌，可以在很大程度上弥补了我国出口企业在设计、质量控制、销售渠道、海外品牌知名度、跨国文化等方面的欠缺。"借船出海"提升品牌力量是一条可以大胆尝试的路径。

第三节　品牌建设快车道

传统的外贸模式经过工厂、外贸公司、采购商、经销商等多个环节，产品利润大部分被中间商拿走。而外贸 B2C 通过网络把中国制造源源不断的销售给海外终端消费者，绕开了传统的中间贸易环节。同时，通过在全球优化配置资源，占据价值链高端。外贸 B2C，对于中国出口自主品牌的构建，是重要的契机。

首先，虽然我国部分产业的竞争优势正在被越南等东南亚国家蚕食，但是我国的产业配套、产业集聚等核心优势仍然存在，中国制造的种类、性价比优势依然明显。依托强大的中国制造优势，我国数目众多的中小生产厂商开始构建外贸新渠道，而网络 B2C 成为最好的选择。全新的渠道成为构建新品牌的重要契机。

其次，在外贸电子商务领域，中国的发展水平已经不知不觉走在了世界的前列。中国快速兴起的以网络方式高效出口的外贸电子商务服务模式，在包括发达国家在内的大部分国家仍然不存在。发达国家由于传统销售渠道、品牌优势的健全，容易形成对传统模式的"路径依赖"。作为新兴国家，我国在外贸电子商务这块新兴领域更容易摆脱传统模式，所谓"光脚的不怕穿鞋的"，而外贸电子商务发展的优势很容易转变成为品牌构建的优势。

再次，受金融危机、经济周期性影响，西方发达国家普通消费者的价格敏感程度越来越高，更多的人选择通过网络筛选物美价廉的产品，而规避了大量中间环节、直接面向消费终端的外贸

B2C 在价格方面具备非常明显的优势。

与此同时，新兴市场对中国商品的采购需求非常强烈，其中俄罗斯、巴西等市场增速迅猛，东南亚、拉美、非洲等第二梯队市场初现端倪。不同于发达国家，这些国家缺乏高效、富有选择的零售渠道，面临着终端市场供给种类匮乏、样式落后、价格昂贵的缺点，因而网络购物的出现大大填补了这块空白。从某种意义上讲，新兴国家很有可能直接跳过当前在发达国家已经发展成熟的传统零售模式，直接跨越到以电子商务为主的零售模式。

不管是发达国家还是新兴国家，网络终端销售的迅速发展为品牌建设提供了重要的机会。由于网络零售不同于传统的零售渠道，因而全新的渠道也形成了品牌的真空，在这方面，对我们构建网络品牌，是绝佳的机遇。

最后，网络直销模式直接面对终端消费者，在接受消费者反馈方面拥有得天独厚的优势。世界各地消费者的留言，通过产品评论直接反馈给商家，这对于我国企业了解市场动态、提高反应速度、完善服务提供了绝佳的机会。而以上诸方面的提升，无疑对于构建品牌具有积极作用。

"赛尔贝尔"的成功

谭继华在 20 世纪 90 年代初就是外贸业务员，随着国内 B2C 的快速发展，他嗅到了开展海外 B2C 业务的商机。2010 年起，他逐渐将业务重心放到外贸 B2C 领域，主营高端蓝牙耳机，在 eBay、敦煌网等几个平台上同时运作。蓝牙耳机属于典型的高价值、小体积的产品，便于进行海外配送，大大降低了海外物流成本，同时由于规避了中间商、零售商、店铺租赁等环节费用，这使其获得了丰厚利润的同时，却仍然具备价格优势，在短短数月内销售额就突破了百万美元。

全新的渠道，全新的产品，谭继华开始考虑构建自己的品牌。其实没有任何理由不去构建自己的品牌，因为在网络蓝牙耳机市场，其竞争对手产品本身没有价格优势，同时进入网络 B2C 市场缓慢，这给谭继华创造品牌留下了巨大的发展空间。2011年，他创立了国内唯一的高端蓝牙品牌"赛尔贝尔"，研发了数十种领先国际的专利产品。

当然，品牌不是短时间之内能够建立起来，口碑效应的形成也不会一蹴而就。但是社交媒体的兴起，使得企业在品牌营销上的渠道更加宽阔，成本却更加低廉。这对于瞄准机遇的中国中小企业是绝佳的机会。如今，谭继华的产品已经成为全球三大高端蓝牙品牌之一。

至于拥有品牌的作用，我们可以从利润率上略见端倪："原来做传统外贸利润率只有 5%，拥有网络品牌后利润率上升到30%。公司目前的年销售额增长到 5000 万美元。"

"凡客诚品"的"国际范儿"

估计不少"80 后"尤其是"90 后"都在凡客买过衣服，即便没有，我想很多人熟悉那个一度风靡网络微博的"凡客体"。下面我们列出凡客诚品的一些资料：

1. 成立于 2007 年，当年销售额仅仅百万，2008 年迅速上升到 3 亿元，2013 年 50 亿元，年均增长销售额 30%。

2. 坚持国际一线品质，中产阶级价位。

3. 只做网上销售，没有实体店。

4. 只做品牌，设计、制造、物流全部外包。

5. 高达 50% 的毛利率。

6. 海外布局：

2010 年，在孟加拉国开设代工厂，并开始联络印度尼西亚、柬埔寨等地的代工厂。

2010年，凡客开通面向全球销售的官方英文B2C网站，目前已经开始支持海外配送，海外订单可支持包括港澳台在内的全球70多个国家和地区的配送。

2011年，凡客进入越南市场，在越南自设仓储和呼叫中心，并选择当地配送和支付合作伙伴。据称，凡客品牌的溢价率，在越南明显高于中国内地。国内售价29元的T恤，在越南大约25万越南盾（约35元）。

2012年，凡客在中国国内销量超越依托中国市场的日本服装品牌优衣库。

2012年，在越南的初步成功，凡客品牌加快海外拓展的步伐。凡客制订考察其他市场的计划，俄罗斯、巴西有望成为下一个市场。根据最新消息，凡客诚品已经将自有品牌服装卖到了俄罗斯。

凡客诚品作为一个不涉及生产的纯粹品牌，其在电子商务背景之下依托国内生产能力、国内市场发展壮大，并逐步走向海外。虽然目前在海外市场的知名度仍然不算高，海外市场仍然仅限于越南、俄罗斯等新兴国家，但是其稳健的发展趋势表明，通过外贸B2C构建全新民族品牌、实现品牌赶超战略的可行性。

实际上，除了凡客，国内其他品牌也开始布局海外，通过自有品牌直接面对海外消费终端。例如，京东商城2011年10月启动英文网站，面向澳大利亚、加拿大、美国等35个国家和地区直接出售商品；梦芭莎、麦包包等电商品牌也通过入住海外电商等方式出海。

前景很美路亦漫长

据统计，当前我国仅有不到10%的生产企业，开始尝试跨境

B2C业务。同时，已经走向海外的企业还处于初期探索阶段，还没有足够体量去实现战略、本地化、供应链等深层次内容。另外，我国外贸B2C的进一步发展面临三方面突出问题，制约着外贸品牌建设的深入。

一是我国电子商务的相关政策不够明朗，跨部门、跨地区的协调难度大，通关、结算、退税、商检、物流、海外仓储等配套政策和服务尚不完善。

二是需要完善跨区域、跨文化的信用体系，海外销售信誉最重要。在外贸电商阶段性发展过程中，仿货一度较严重，这严重影响了中国品牌的形象。

三是我国缺乏既熟悉电子商务的相关人才。因此，我国的教育要跟上市场需求的变化发展，争取培育适合外贸电子商务的人才。